あのころ

絵と文
さくらももこ

集英社

もくじ

装画　さくらももこ
装幀　祖父江　慎

あのころ

てきや

小学校の帰り道に、見るからに怪《あや》し気《げ》な男が何か得体《えたい》の知れない物を売っているという事が時々あった。

売っている男の人が、恐らく決して善良なタイプの人間ではないであろう事は子供心にも大体ひと目で見当《けんとう》がついていたし、売っている物だってインチキ臭い物であろう事は予想できていた。だが、その男の前で足を止めてしまうのである。どうしてもその男が何を売っているか見たいのである。

ひとたびその男の前に立つと、あまりの面白さにその場を離れられなくなる。他の子供もみんなそうであった。全員その男の術中《じゅっちゅう》にはまり、その男が売っている商品の虜《とりこ》になってしまうのだ。

私が過去二回、その手の怪しい男から買った商品は「まほうカード」と「踊るマッチ箱」というものだ。どちらも聞いたとたんインチキな匂《にお》いが漂《ただよ》う。カードにまほうがあるわけがないし、マッチ箱が踊るわけがない。しかし、売っている男の手にかかるとみるみるうちにカードにはまほうの力が込められて絵が変わり、マッチ箱はひとりでに踊るのである。

おまけにその男は、「こんな不思議なモノがおこづかいで買えるんだよ。こっちのカードはおじさんが中国に行ったときに仕入れてきたものだし、こっちのマッチ箱はフランス製の本物だよ」などと具体的に仕入れ先の国名まで発表するのだ。

今でこそ、そんなオヤジの言う事を信じたら大馬鹿者《おおばかもの》だが、当時田舎《いなか》の子供だった私にとって〝外国のモノ〟というだけでものすごく価値のある物に思えた。〝舶来《はくらい》〟が高級だった時代である。中国やフランスに何があるのか想像もつかない子供達は、「もしかしたらよその国には本当に〝まほうカード〟や〝踊るマッチ箱〟があるのかもしれない」と思ってしまうのであった。

このようにして、そのオヤジがだんだん立派で信用のおける人物に見えてきて、どうしてもそれら〝不思議商品〟が欲しくなってくる。その場で買いたいが、お金が足りない。

オヤジはそんな子供心を見抜き、「さあ、あと一時間待ってやるよ。お金を持っていない人は、家まで帰って取っておいで」と叫ぶ。

〝あと一時間!!〟お金のない子供は一斉《いっせい》に走り出す。もちろん私も走った。あと一時間という制限時間の中で、親を説得して金を手に入れ、あのオヤジのもとへ戻るには全力で走るしかない。もしかしたら親からお金をもらえないかもしれない。しかし走るしかない。一時間で全てが決まるのだ。泣きながらでも走るしかない。

一時間のうち十分を使って走り家に飛び込む。私の家は八百屋《やおや》だったから、店先でいきなり母親との交渉が始まる。

「お母さん、とにかくお金をちょうだい。珍しい外国の物を買うんだよ。すっごい不思議なカードとマッチ箱なんだから。早くしないとおじさんが帰っちゃうよ、早くちょうだい〰〰っ」私の悲痛な哀願《あいがん》の声が店先に響きわたる。店にいた客は八百屋の子供の突然の乱入に、ただ苦笑しながら成りゆきを見守るだけである。

母は「そんなもん、インチキに決まってるでしょ。昔っからそういうの売る人がいるんだよ。お母さんだって子供のころだまされたんだから」と自分の経験まで暴露《ばくろ》して私の訴えをピシャリとはねのけた。

一度だまされた人はそれで気が済《す》んだかもしれないが、だまされていない者はだまされてみるまで気が済まないものである。早く母を説得しなければ時間がない。おじさんが帰ってしまったら、私はあの不思議を手に入れることができずに一生後悔するであろう。

何度訴えても母はお金をくれなかった。制限時間はあと二十分しかない。これ以上ここでモタモタしていたら何もかも終わりだ。

私は一瞬のスキを突いて店の銭箱《ぜにばこ》から百円を盗《と》った。銭箱の引き出しがガチャリと音をたてたので母が振りむき、「あっ、こらっ」と怒ったが、どうせ怒られるのなら後で怒られればよい。ここで捕まってお金を返しても、買ってから捕まっても、盗んだ罪は変わらずに怒られるのである。それなら欲しい物を手に入れてから怒られた方が、怒られがいがあるというものだ。

私は逃げた。母は客を残して外まで追いかけることもできず、脱出は成功した。父が配達に出かけていて店にいなかったのも幸いであった。

走りまくってオヤジの所に戻り、「まほうカードを下さい」と言った。踊るマッチ箱の方《ほう》は二百五十円もするので今回は諦《あきら》めるしかない。どうせ盗《ぬす》むのなら、マッチ箱の分の金も持ってくればよかったのだが、そこが私の気の小さいところだ。

オヤジは「よし、それじゃあカードの方を欲しい人はおじさんの近くに来なさい。買わない人は近寄るんじゃないよ。買う人だけ、今からやり方を説明するから」と子供達に命令し、買う者を近くに呼び寄せた。

オヤジの周りを七〜八人の子供が囲んだ。金を持っていない子供達がうらやましそうに離れてこちらを見ている。本来なら私だってあちらの立場だったのである。だが同情する気はない。私は死を覚悟《かくご》してお金を手に入れたのだ。家に帰れば間違いなく怒られるであろう。怒られる勇気があればこそ、今こうしてこのオヤジの説明をきく事ができるのだ。

オヤジは急に声を低くし、「いいか」と言った。私達はうなずいた。こうして大人から秘密を教えてもらえる状況というのは、何かスパイの組織のメンバーになったような気がしてワクワクした。冷静に考えれば、こんなろくでもないオヤジの所属する組織のメンバーになったりしたらワクワクするどころか人生終わりである。だが冷静さを失っているので仕方があるまい。

オヤジは手に持っていたカードを我々の目の前に出し、「このカードは、こういうふうに絵が半分ずつ描いてあるから、うまく人に見せればまるでまほうのカードのように絵が変わって見えるのだ」と言いながらもう一度実演してみせた。

非常に単純な仕掛《しか》けである。まほうではなかったのだ。〃まるでまほうのカードのように〃見えるだけだったのだ。私の欲望はシュルシュルと音をたてて失望に変わった。もう、こんなカードは欲しくないが、オヤジの説明を聞いてしまった者は絶対にこれを買わなくてはならない。いらないなどと言ったら殺されそうである。オヤジは表面《おもてづら》こそ笑って売っているが、その仮面の下には怖《こわ》い一面が隠されているのだ。そういう人間である事を、子供は皆暗黙《あんもく》のうちに気づいていたので誰もオヤジに逆らったりしなかった。

私もおとなしく百円玉を渡しカードを受け取った。盗みを犯《おか》してまで手に入れるほどの物ではなかったなぁ…と思い、こんなくだらない物を持っている事が非常に恥ずかしくなってしまった。こんな物を持っている事が世間にバレたら笑い者になるような気がした。

家に帰ると、案《あん》の定《じょう》母は怒っていた。くだらないカードのために犯した罪により、これから私は叱られるのである。叱られる前に、一応カードのまほうを見せて母の怒りをやわらげようとし、「お母さん、ホラ、このカード不思議だよ。中国製だってさ。ちょっと見てよ」と言って技《わざ》を披露《ひろう》してみせたが、あっさりタネを見破られて終わった。

家族の誰もがこのカードのタネを簡単に見破り、驚く者はひとりもいなかった。それどころか、私がそのカードを見せるたびに「それ、銭箱の金を盗って買ったんだろ」と罵《ののし》られ、気分は最悪になった。

その後、まほうカードは仏壇《ぶつだん》の隅に置きっぱなしで何日か過ぎ、気まぐれに線香《せんこう》をあげた時などにたまに見かけたが、いつのまにかなくなっていた。いつのまにかなくなった事だけが〝まほう〟のようであった。

〝踊るマッチ箱〟の方に再び出会ったのは、二年後の事であった。今度はまほうカードの時とはまた別の怪しい男が売っていた。

その男の手の上で、マッチ箱は自在《じざい》に動いている。縦《たて》になったり横になったりフタが開いたりして非常に不思議である。マッチ箱が生きているとしか思えない。そもそも二年前のあの日も、私はどちらかといえばカードよりもこちらの方が欲しかったのだ。だが、百円しかなかったので、とりあえずカードの方を買ったのだ。今度こそどうしてもマッチ箱が欲しい。まほうカードはインチキでも、マッチ箱は本物に違いない。

私は走った。二年前のあの日と同じ状況である。家までお金をとりに走るしかない。

家に着き、また店先で母に交渉した。「お母さん、すごい不思議なマッチ箱を買うからお金ちょうだい。ひとりでに動くマッチ箱なんだよ。欲しいよ。お金お金っ」と大騒ぎしたが、母は「そんなもん、マッチ箱に糸がつけてあって、それで動くようになってるんだよ。不思議でも何でもありゃしない」と冷たく言ってとりつくしまもない。父は聞かぬふりをしている。絶望的である。

仕方がないので自分の貯金箱から出す事にした。その頃、私はジュウシマツを買おうと思ってコツコツ貯金していたのだ。当時ジュウシマツは一羽五百円で、私の貯金は四百円であったから、あと一歩でジュウシマツが一羽手に入ったのである。だからマッチ箱のために二百五十円も出費する事は非常に痛手であったが、この際背に腹はかえられない。

二百五十円を握りしめて再び走った。マッチ箱売りの男のもとへたどり着き、ゼェゼェしながら「ひとつ下さい」と申し出た。

男は「これが欲しい人は今から説明をするから先にお金を払いな」と言い、希望者を集合させて前払いで金を支払わせた。用心深い男である。

まもなく、金を払った者だけにマッチ箱の動かし方が伝授《でんじゅ》された。母の言った通り、マッチ箱には糸がついており、その糸を操《あやつ》ってマッチ箱を動かすだけというバカらしい仕組みになっていた。

前払いで支払った金は当然返ってこない。私は男からマッチ箱を手渡されたままもしんみりした気分になっていた。世の中のワクワクする物というのは、ことごとくインチキなのであろうか。幼稚園の頃、「ひみつのアッコちゃん」の変身コンパクトをおもちゃ屋で買ってもらい、本当に自分がお姫様になれると思って呪文《じゅもん》をとなえたがダメだった事なども思い出していた。

その時、急に「こらっ」という怒鳴《どな》り声が響いた。ビクッとして振り返ると、マッチ箱を買った上級生の頭の悪そうな男子が、客の前で糸のついたマッチ箱を公開してしまったのである。

マッチ箱売りの男はカンカンに怒り、タネをバラした男子の頭をポカリと打った。男子の目はみるみるうちに充血《じゅうけつ》し、涙がたまり唇は震えてバカ面《ヅラ》に一層拍車がかかっていた。

泣く寸前の上級生男子を横目で見ながら、私は「あーあ、この男子がもう少し早くタネをバラしてくれりゃあ、私だってこんなもの買わなかったのになぁ」と思い、ジュウシマツのための貯金が減った事を心底後悔《こうかい》していた。

家に帰ってマッチ箱を父に見せると「これが二百五十円⁉ これが？ マッチ箱の空き箱が二百五十円もするのか？ ゴミなのに？ 二百五十円？ すげぇ商売だなァ」と、しつこい程に驚き感心していた。私は黙ってそれをきいていたが、内心は父が感心するたびにいちいち癇《かん》にさわっていた。

もう二度とこういう物を買うまい。そう決意したため、その後も「ビンの中で動く人形」やら「書いても消せる不思議なインク」など、油断《ゆだん》したらつい買ってしまいたくなるような魅力的な物を売る怪しい男を何回か見かけたが、買わないようになった。

人は経験により学習してゆくものである。あの時カードもマッチ箱も買っていなかったら、私は大人になってもまだ「あのカードとマッチ箱、不思議だったなァ、本当のまほうかもなァ」と信じ続け、大恥《おおはじ》の人生を送っていたかもしれない。

夏休みの宿題

夏休みに宿題があるというのは、子供に夏休みを休むなと言っているようなものだ。つまり休むのはあくまでも学校であり、子供が休むのではない。スーパーがお休みでも主婦が休みでないのと似ている。せっかく夏の太陽の下で元気に遊んでいても、宿題のことがチラリと胸をかすめると非常に不愉快《ふゆかい》になる。特に日記などのように毎日しなければならないものがあると、気分はますます低空飛行ぎみになる。

私が小学校三年の時のクラスでは、一年間日記を毎日必ず書かなければならないという大変なきまりがあり、これは夏休みも当然毎日続けなければならない課題であった。

学校に行く日は仕方がないので毎日書いていたが、休みになるとすぐに怠けた。ふだんの土・日でさえ、土曜日の分を日曜日の夜にあわてて二日分まとめて書くという有様《ありさま》だったので、夏休みのような大型連休に入ると日記はまたたくまに十日分や二十日分くらい簡単にたまっていった。

日記がたまってゆくのを、毎日忘れていたわけではない。毎日〃今日も日記を怠《なま》けてしまったなァ…〃と心が重くなるのを感じているのである。しかし怠けてしまう。たまってゆく日記の量が一日ずつ増えてゆくたびに心の重さも増してゆく。それでも怠け続け、ギリギリまで重たい心を引きずりながら怠けるのだ。

たまに〃これではいけない〃と思い、たまった日記に手をつけてみるが、三日分も書けばものすごく書いた気になり「ふー、今日はよく勉強をした」と得意《とくい》になって、まだ十日以上たまっている日記を放っておく。

そうこうしているうちに八月も二十九日頃になり、やっと本気で〃やばい〃と目が覚めるのだが、その時には自分ひとりではどこから手をつけたらよいかわからないほど日記がたまっているのである。

宿題は日記だけではない。植物の観察、読書感想文、なつやすみの友、計算ドリル、漢字の書きとり、工作…ざっとこのくらいはある。泣けば済むものならいくらでも泣きたい。新学期からよその学校へ転校する山本君が大変うらやましい。私だってできるものなら転校してしまいたい。このさい、全てを放り投げて新しい町で新学期を軽やかに迎えたいものだ。が、八百屋を営む父ヒロシに転勤の予定など全くなく、私はどうしてもこの宿題から逃れる術《すべ》はないのである。

まず初めにしなくてはならないのは、〝誰に何を手伝ってもらうか〟という計画だ。宿題で頭を使う前にこの計画だけでもけっこう頭を使う。

日記は家族全員（じいさんを除く）に頼って、過ぎ去った日々にどんな出来事があったかを思い出さなければならない。漢字の書きとりは母に手伝ってもらい、計算ドリルは邪道《じゃどう》だがソロバンを使う事にする。当時私はソロバン塾に通っていたため、ソロバンさえ使えば計算ドリルの計算くらいすぐにできたのである。ただし、ソロバンを使わなければ普通の子供より遅いし間違いも多い。

植物の観察はヘチマだったが、とっくに枯れているので今さら観察しても手遅れである。姉に頼んで図鑑を写すのを手伝ってもらうのがベストであろう。工作は父に何か適当な物を作ってもらえばよい。

だいたいの配分を決めたらすぐに依頼をしに行く。まずはたやすく引き受けてくれそうな父から口説くことにする。工作を依頼された父は、「しょうがねェなァ」と言いながら、少しうれしそうな顔をしている。まずは何の障害もなくクリアできた。次は姉である。

姉は父より手強い。この女が父のように何の見返りもなくやすやすと手を貸してくれるとは思えない。手土産《てみやげ》にマンガの一冊でも持って行って機嫌《きげん》をとるくらいの気を利《き》かさなければ成功は難しいであろう。

私は当時毎週愛読していた『少女コミック』を片手に姉のもとへ赴《おもむ》いた。『少女コミック』は毎週姉と交互に買っており、この週は私が買う番ではなかったが宿題のためには多少の出費はやむをえまい。

『少女コミック』と引きかえに、植物の観察の記録を書くのをやってくれと頼んだが、姉は「いやだ」と冷たく言い放った。自分の宿題は自分でやれというのである。自分でやれれば自分でやるが、自分じゃ間にあわないからこうしてわざわざ土産まで持って頼みに来ているのではないか。

私が頼めば頼むほど、姉は「いやだ」と言い張る。しつこくされると余計《よけい》突き放したくなる気持ちはわかるが、ここで私の方も「じゃあいいよ」と大見得《おおみえ》をきって腹を立てたりしたらおしまいである。とことん下手《したて》に出てなんとか姉にやってもらうまでひたすら拝《おが》み倒すしかない。「お願いします、お願いします」と哀願し続けること一時間、とうとう姉の同情をかい依頼は成功した。ついでに日記を見せてもらう約束もし、着々と計画は進んでいった。

次は母である。一番覚悟と根気のいる相手だ。

母のところに頼みに行くと、やはり初めから怒られた。「あんたは何から何までだらしがない」から始まり、日常の生活態度から学習態度に至るまで、全ての行動のいい加減さをまんべんなく指摘され、さすがに親というものは子供の事をよくわかっているなァとついつい感心させられる。

どんなに母が怒っても、決して口答えしてはいけない。黙って下を向いておとなしく怒られているふりをするのだ。いつかはこの説教も必ず終わる時がくる。朝が来ない夜はない。その時までただ黙って怒られているふりをすればよい。そして母が最後に「わかったね、今度からしっかりしなよ」と言ったら「はい」とさえ言えば万事うまくいくのである。万事うまくいく事を思えば、説教をがまんするくらい安いものだ。姉への手土産よりも安い。

　母の説教は何度かのクライマックスを経てようやく「わかったね、今度からしっかりしなよ」という終わりのセリフにたどり着いた。私は予定通り「はい」と言い、漢字の書きとりを母に託《たく》す事に成功したのである。

　ひととおり家族に頼んだ後は、すぐに自分でやるしかないものにとりかかる。自分でやるしかないものは、「計算ドリル」「日記」それと「なつやすみの友」と「読書感想文」である。

　計算ドリルはソロバンを使うから早く片づく自信がある。日記も姉のを見せてもらい、そのうえ家族の記憶にも頼れば意外と簡単に片づくであろう。読書感想文は、$\frac{1}{3}$くらい読んだ『赤毛のアン』について、$\frac{1}{3}$までの内容の感想を書く事にすればよい。問題は「なつやすみの友」だ。

「なつやすみの友」というのは〝友〟というわりには親しめない存在である。「ごはんの友」のように〝友〟とつくからには仲よくしたいものだが、どうしても好きになれない友だ。このタイトルをつけた人の〝友〟の定義というものを知りたい。

あの一冊の中には、国語・算数・理科・社会のページの他に〝こんなことして遊んでみよう〟というような、どうしたらいいのかよくわからないページがある。そのページには葉っぱでつくったキツネのお面や、スイカの皮でつくったちょうちん等がイラストで描かれており、ページの下の方に「やってみた感想」という欄《らん》がある。そのような一方的な遊びのページが所々に散らばっており、八月二十九日にもなってやっている場合ではない企画が私を混乱させるのであった。

頼るべきは友人である。しっかり者でお人好しなクラスメイトに電話をして、なつやすみの友を貸してもらうのだ。

私は思い当たる友人宅に電話をかけた。そして事情を話し、なつやすみの友を貸してほしいと告げると、その友人は「うんいいよ」と快諾《かいだく》してくれた。しっかり者でお人好しという友人は本当に良いものである。考えてみれば私は学生時代の全てをそのような友人に支えられて切り抜けてきた。人に頼ることは多かれど、自分は頼られたことがないというお粗末《そまつ》な生きざまだが悔いは無い。大勢家族・友人の手を借り、夏休みの宿題は猛スピードで進行していった。大勢の人の力というものは素晴らしいもので、自分ひとりでは決して成《な》し遂《と》げられない労働がみるみるうちに達成されてゆく。夏の終わりに人のありがたさに触れて心が洗われる思いである。

特に感動的なのは父の工作の腕前だ。彼はニンジンの入っていた空きダンボール箱にまずきちんと下紙をはり、その上に人魚の切り絵をほどこして、美しい収納箱を見事に作り上げたのである。貧乏生活から編《あ》み出された経済的な創意工夫が見る者の胸を打つ一品だ。

こうして私の宿題はみるみるうちに出来上がっていった。もちろん四十日分の宿題を三日でやるのだから、三日間は家族も自分も苦労するのだが、その気になれば三日で済むのだから三十七日間は怠けていた方が得である。そう思って毎年この習慣はなおらなかった。母は「どうせ三日苦労をするのなら、最初の三日で済ませてあとはスッキリ暮らした方がどれだけ立派な夏休みになるか、ちょっとは考えなさい」と毎年言っていたが、一度もそんなことにはならなかった。常に二十九日からが勝負であった。

さて、新学期になり宿題を提出することになった。先生は私の父の作った工作を見て非常に感心し「この箱はとてもうまくできているね。コレ、自分で作ったの?」と尋《たず》ねてきたので、私はうろたえながら「……ハァ、あの、少しだけお父さんに手伝ってもらったけれど、だいたい自分でやりました」と、その場しのぎの返答をした。…こんなにうまくできている物を、小学三年生が〝だいたい自分でやった〟わけがないではないか。本当は全部父親がやったものを口から出まかせで子供が言っているに違いないと、先生は悟《さと》ったうえで黙認《もくにん》してくれていると私は子供心に信じていた。まさか先生が本気で〝だいたい自分でやった〟という私の言葉をうのみにするとは思えなかったからだ。

ところが先生は「へーっ、だいたい自分でやったのか。えらいね。こういう箱がクラスにもう一個あると便利だから、今日の放課後学校に残ってひとつ作って帰ってくれ」という指令を出したのである。

「えっ……」と思った。「えっ」としか思う言葉がなかった。できるわけないではないか。あの箱は工作名人の父ヒロシが一晩《ひとばん》かかって作ったのである。工作名人でさえ一晩かかったものを、名人でもない、しかも子供のこの私が放課後にチョイと残って作れるわけがない。

私は〝だいたい自分でやった〟と言った事を猛烈《もうれつ》に悔《く》やんだ。〝だいたい父がやって自分は少し手伝った〟と言えばよかったのだ。くだらない見栄は張るもんじゃないと痛感しつつ、この最悪の事態を逃れる術《すべ》を必死で考え始めた。

しかし、どう考えてもこの事態から逃れる術は見つからなかった。一度家に帰らせてもらえれば、そこには父ヒロシがいる。美しい箱が再び作られる事であろう。だが、〝放課後そのまま学校に残って作れ〟と言われているのだから、どうしても一人でやるしかない。先生は、ひょっとして私の実力を試そうとしているのかもしれない。本当に〝だいたい自分でやった〟のなら、だ・い・た・い同じようなレベルの箱が作れるはずだ。もし全然違うレベルの箱しか作れなかったら、それは私が嘘をついた証拠である。それを明らかにしようと私を追い詰めているのではないか。そう思い始めるとそうとしか思えなくなり、放課後の教室で独りきりで箱を作りながら泣けてきた。

なんで夏休みが終わったのに、私はまだ工作をしているんだろう。これも夏休みに怠けた罰なのであろうか。まんまと父に工作をやらせる事に成功したのに結局自分でやる事になるとは、こんな顛末《てんまつ》を誰が予想したであろうか。

箱は非常に汚らしく出来上がった。父の作った箱とは、一目で作者が違う事は明らかであった。

先生は私の作った箱を見て「御苦労様《ごくろうさま》」と言ったきり、他は何も言ってくれなかった。きれいとも汚いとも、うまいとも下手とも、何も言われた記憶がない。よっぽど何も言いたくなかったのであろう。

夕方遅く家に帰り、父と母に学校での成りゆきを説明した。母は〝それ見たことか〟と言わんばかりに「だから宿題を親にやってもらったりしちゃダメなんだよ。先生はわかってて意地悪したんだよ。あんたの嘘なんて全てお見通しなんだよ」と厳しく言った。

父は「そーか、オレの作った箱、そんなに先生が気に入ったか」と自分の腕をほめられて喜んでいた。つくづく幸せな男である。

翌日、父の作った箱と私の作った箱は、教室の後《うしろ》のロッカーの上に並べて置かれていた。父の方には新品の雑巾《ぞうきん》がストックとして入れられ、私の方にはワックスがけをしたあとの汚れた雑巾が入れられた。

どちらにしても私達親子の工作なんて、雑巾入れにされるくらいしか値《あたい》が無かったのである。だがどうせなら使い古しの雑巾より新品の方が良いなァと、いつも見るたびに少し哀しさがよぎっていた。そしてこの箱は三年生が終了する日まで使用され、終業式の日の大そうじに粗大ゴミ扱いとなった。

遠足ぎらい

遠足といえば、私はまずトイレの事が気がかりであった。

小学校一年の時、海へ遠足に行ったのだがその際《さい》浜辺にトイレがなく、子供達は浜辺の松林やら草むらで用を足さなければならなかった。先生方だけは近所の民家や商店でトイレを貸してもらっていたが、男の先生の中には、子供達に混じって草むらでやっている者もいた。

私にはそれができなかった。男子は立ち小便ができるからよいが、女子は座ってスカートをまくりあげてしなくてはならない。そんな事を外でできるものか。

小学校一年生といえども、女子は皆かなり抵抗があったようだ。だが、尿意には勝てず昼すぎにはほとんどの女子が次々と草むらへ飛び込んで行った。一回やってしまうと次からはあまり抵抗がないようで、二回三回と草むらを活用する女子もいた。

しかし、私は断固としてそれを拒否した。アメリカ兵に辱《はずかし》められるくらいなら死んだ方がましという大和撫子《やまとなでしこ》が、男子もウロウロしている草むらで用を足すなどという恥知らずな行為はできまい。どんなに辛くとも、ここは耐えるべきである。

そう思いひたすら我慢し続けた。なるべく水分は摂《と》らぬようにし、弁当の時間も喉が詰まれば胸をこぶしで叩いて食べ物を胃に落とした。自分の膀胱《ぼうこう》が、あとどのくらい耐えられる余裕があるかを確認するために時々スカートの上から下腹部を押し、その張り具合の様子をみながら「あと三時間はもつ」と耐久《たいきゅう》時間を割り出したりもした。

わざわざ海まで来ても考える事はオシッコの事ばかりなのだから全然面白くない。気を紛《まぎ》らわそうとして、波打ちぎわで貝を拾ったりしてみたが、しゃがむポーズをとったとたんいたずらに尿意がやってきたりして非常によろしくない。広々とした海を眺めても、海水はオシッコと同じ塩分だなァ…などとつい思ってしまい尿意に余計な刺激を与えるだけだ。

やっと帰る時間になり、全員並んで歩き出した。これから学校まで一時間も歩くのだ。私の膀胱はパンク寸前である。一歩足を踏み出すごとにズンッと重い緊張感が体を走る。一緒に並んで歩いていた男子が話しかけてきても返事すらしたくない。私がしたいのはオシッコだけだ。それ以外は全てどうでもよい。

どうにか学校まで持ちこたえ、解散となった。私は一目散《いちもくさん》でトイレに直行したが、トイレは我慢していた女子でごったがえしておりなかなか順番が回ってきそうにない。ここで気をゆるめたらもらしてしまう。私は最後の力をふりしぼって膀胱および尿道の筋肉を引き締めてトイレの順番をひたすら待った。

ついに私の番が来た。やった、これで救われるのだ。トイレの扉が天国のドアに見えた。勢いよくトイレのドアを開けて飛び込みカギをしめて便器をまたごうとしたとき、便器の中にウンコがあった。

〝前の人が流してないっ‼〟——私は目の前が暗くなった。なんてことをしてくれるんだろう。幼稚園の頃からウンコの流してないトイレだけは避けて生きてきたのに、こんな一対一の逃げられない状況でウンコ便所に出くわすとは……。本来なら今すぐこのトイレから飛び出して他のトイレに移動するところだが、こんなに混んでいる時にそんな呑気な事をしていられない。ましてや一度入ってカギまでかけて、他人のウンコにショックを受けるという間《あいだ》数分経過している。今ここを出たら、私がウンコを流さなかったと他人から誤解を受けるかもしれない。

私は泣く泣く他人のウンコを流し、確実に流れるまでトイレの隅で待機していた。オシッコがもれそうな時に、他人の後始末《あとしまつ》までしなくてはならない運の悪さにますます泣けた。

こんな事があってから、私は遠足が嫌いになったのである。特に、トイレの設備のない自然の場所へ行くのが恐怖であった。

小学校三年生になって、春の遠足は山へ行く事に決まった。またもトイレの設備が期待できそうもない所である。

確か姉も数年前の遠足で、同じ山に登ったはずである事を思い出した。これはひとつ、先達《せんだつ》にトイレの状況を聞いておこうと思いたち「ねえ、あの山って

トイレあった？」と尋ねてみると「もう何年か前の事だから忘れた」という役に立たない答が返ってきた。何のために私より先に生まれて「姉」などという呼び名を与えられているのか。意味のない女である。

私は非常に憂鬱《ゆううつ》であった。休みたい日には必ず肉体に異状はない。どうしても行かなくてはならないというふうに決まっている。

遠足には行きたくないが遠足の準備は愉快なもので、三百円分も自分の好きなお菓子が買えるのである。三百円といえば、一日のおこづかいが三十円という私にとって、十倍もぜいたくができる金額である。これは実にうれしい。

夕方四時頃、三百円を持って姉と近所のお菓子屋へ向かう。遠足さえなければこんなに楽しみな事はない。遠足の準備だけをしようという行事があれば良いのにそれはない。

遠足の前日のお菓子屋は毎度《まいど》の事ながら激しく混雑しており、目標のお菓子がある棚の前まで進むのにもひと苦労である。ここのお菓子屋はオマケをしてくれるので人気があるのだ。全校生徒の七割くらいの者がこの店に来る。だから非常に混むのであった。

普段使わない頭をフル回転させ、三百円で一番ベストな買い物をしようと綿密な計算をする。どの子も皆「あと残り百三十円分」などと口々につぶやいており、算数の学習が活用されている。中には計算を間違う子供がおり、混み合うレジの前でモタモタして迷惑の塊《かたまり》となっていた。

買い物が終わると、遠足に関する楽しみは全て終了したも同然である。あとは明日雨でも降って、中止になる事を祈るばかりだ。

しかし、家では母が遠足の準備を進めている。冷蔵庫の中には〝タコ切り〟をされる前の赤いウインナーや、ウサギになる前のリンゴが待機していた。冷凍庫を開けてみれば私と姉の分の缶ジュースが凍っており、これがまた明日の昼時にはリュックの中でうまい具合に飲みごろに溶ける仕組みになっているのだ。

私がいくら遠足を避けて通りたくても、このように着々と世の中は遠足にむかって突進してゆくのである。この大きな流れに逆らうことはできない。夜空には星がでており明日が晴れである事を予感させ、ますます避けられない運命を哀しく思いつつ床に就《つ》くのであった。

翌日はやはり晴れており、朝の台所には母がはりきって作った弁当が並んでいる。私は仕方なしにリュックに物を詰め始めた。

まず、リュックの底には冷凍の缶ジュースを入れる。その上にお菓子のチョコレート類を入れ、冷凍缶ジュースの冷気を利用してチョコレートの溶けを防ぐ段取りを整えておく。チョコレートの次にバナナを入れ、バナナをやや冷やしぎみにする事を忘れない。そして一般の菓子類を置き、一番上に弁当を入れる。こうしておけば、冷やした方が良いものは冷え、冷やしたくないものは冷えないで済むのである。例外として、ガムやアメ玉などの小さい物はリュックのポケットに入れておくとバスの中で手軽に取り出せて便利である。

こんなに憂鬱《ゆううつ》な時ですら、便利や工夫を追求してしまうせせこましい性分なのだ。だが、どうせ避けられない運命ならば少しでも快適に過ごせるように努力した方が良い。何もしなければ弁当は冷えるわチョコは溶けるわという事になり、より一層不愉快になるのは明白である。

自分なりに工夫したリュックを背負い、重い足取りで家を出た。こんなに気が重いのも全て〝トイレがない〟という一点に尽きるのだ。トイレさえ万全なら、遠足はもっといいものだったに違いない。

学校に着くと、私の拒絶感《きょぜつかん》は頂点に達してしまった。どうしても行きたくない。トイレがない世界になんて、絶対に行きたくない。

私は一か八か、仮病《けびょう》を使ってみる事にした。トイレひとつのためにこんな勇気が出るとは思わなかったが、それほどまでにこの事態は私を追い詰めていたのである。

先生に「お腹が痛くなってきました」と告げた時、全身の脈が速度を増した感覚があった。先生は私の仮病を見抜くかもしれない。

ドキドキしていると、先生は「えっ本当⁉ もうすぐ出発なのに困ったな、とりあえずトイレに行ってこい」と言った。

先生は信じたようだ。私は先生の命令通りトイレに行き、暇《ひま》つぶしにオシッコをして先生の所に戻った。先生は「大丈夫か？」と心配そうな顔をしていたので、私はもう一押しだと思い「まだ痛いです」と追い打ちをかけてみた。すると先生は「うーん、困ったなァ我慢できないくらい痛いか？」と、私の痛み具合を細かくリサーチしてくるではないか。私はひるんだ。〝我慢できない〟と言ってしまったら、もしかしたら病院に連れて行かれるかもしれない。病院に連れて行かれたら仮病がバレてしまう。

そのような弱気の虫がザワザワと心の底で騒ぎ出し、つい「…我慢すればできないこともないけれど痛いことは痛いです…」と言ってしまった。私としては〝痛いことは痛い〟という下《しも》の句《く》に重きをおいてほしかったのだが、先生は〝我慢すればできないこともない〟という上《かみ》の句《く》の方を重視し、「よし、それなら一緒に遠足に行こう」と言った。

最大のチャンスを逃してしまった。十分前までは私の運勢のバイオリズムは上昇していたはずなのに、ちょっとした弱気で一気に下降してしまったのだ。もう今日中に再び上昇する事はあり得ない。遠足に行くしかないのだ。絶対に他の道はない。

私は絶望《ぜつぼう》のままに自動的にバスに揺られていた。バスの隣の席にはクラス一の馬鹿男子が座っていたのも運勢のバイオリズムがどん底に達している証《あかし》である。こうなってしまったからには、あとはひたすら水分を断って尿意を催《もよお》さないことに専念するだけだ。

遠足については、また別の機会で詳細《しょうさい》を述《の》べる予定なのでここでは省略させていただくが、別に何か良い事があったわけではない事だけは予告しておこう。

遠足が終わり、家に帰ってから日記を書かなくてはならなかった。前の章でも記述した通り、日記は毎日の課題だったのである。遠足だろうが運動会であろうが、何があろうと日記を書かなくてはならない。

私は日記帳を前にして途方に暮れていた。全然書く事が思い浮かばないのである。嫌で嫌でどうしようもなかったのだから、遠足のことなど書きようがない。このさい今日の遠足はなかったことにしようと心に決め、日記には「うちのネコのこと」というタイトルで遠足には一切触れずに書き進めていった。恐らくクラス中で遠足の事を書かなかったのは私一人だけだったと思う。

その日の日記の〝先生からの一言〟という通信欄には「さくらさん、あなたは遠足が、どうやら楽しくなかったようだね」と書かれており、先生の冷めた態度にギョッとした。一応、ネコについて書いた日記であったのにネコへの感想は一言もなく、書いてもいない遠足のみに先生の焦点は絞られていたのである。しかも〝遠足は楽しくなかったのかな？〟という子供向けの呼びかけ用語ではなく〝どうやら楽しくなかったようだね〟という言葉の選び方には静かな恐怖感《きょうふかん》さえ漂っていた。

　私は先生からの言葉を読みおえ、非常に重くなった。先生は、もしかしたら私の仮病を見抜いたのかもしれない。私がもともと遠足に行く気がなかった事を、この日記により悟ったのかもしれない。

　ああ、なんで遠足は私をこんなに苦しめるのだろう。いや、遠足そのものが悪いのではなく、何度も主張しているようにトイレがない場所が悪いのだ。しかし、遠足という行事がなければトイレがない場所はあってもよく、結局どちらが私を苦しめていたのか分からないまま今に至る。

七五三の思い出

三歳の時の七五三はあまり覚えていない。写真屋さんで撮影した事と、用もないのに姉まで着物を着ていた事だけ記憶に残っている。

七歳の時には、面倒臭《めんどうくさ》くて嫌《いや》だった事が記憶に残っている。

母は「着物が着れてうれしいでしょう」と言っていたが、着物など着る事は私にとって別にうれしい事ではなかった。私がうれしいのは動物を飼う事や、お金をもらった時や大好きな友人と遊ぶ事で、着物を着るという事には全然興味がなかったのである。

だから、興味のない事のために朝早く起き、美容院に連れて行かれ、髪の毛を散々《さんざん》引っぱられたり飾られたりし、変な化粧までされ、そのあと重い着物を着せられるなどという七五三の計画は、面倒臭いと思う以外の感想が思い浮かばなかった。できれば避けたい行事である。

しかし七歳の子供の立場など弱いもので、その日は朝から計画通りに物事は進められていた。

　まず朝早くに叩き起こされ、朝風呂に入れられた。正月でもないのに朝風呂なんてまっぴらである。入ったとたんに「早く出ろ」と言われ、寝呆《ねぼ》けた頭がまだよく回らないまま風呂を飛び出さなければならないこの辛さ。

　十一月の早朝は家の中といえども寒々しく、風呂上がりの身にはなかなか応える。ストーブのひとつくらい用意してあっても良さそうなものを、我が家は十二月に入るまで自然にまかせて過ごすため、無い。静岡県は暖かい地方だからと一般的に言われているのでいい気になっているのである。静岡県だって寒い季節は寒いのだ。それをつまらない俗説に惑わされ、何だか暖かいような気がするだけで暖房設備の充実を計《はか》らない親が全くいまいましかった。

　私の「寒い」という主張は軽く無視され、半乾きの髪のまま美容院へ連れて行かれた。美容院で面白いのはイスが自動的にキューッと上がる事だけである。あとは耐える事のみ多かりき、という試練の場だ。今でこそ美容院は洗髪という極楽《ごくらく》なイベントもあるしそれほど苦ではないが、子供の頃は洗髪代を浮かす為に家で風呂に入ってから行っていた為、イスの上昇以外はひたすら面白くなかった。

唯一《ゆいいつ》の楽しみであるイスの上昇は一瞬で終わる。「キューッ」というだけの時間だからわずか3秒である。もうあとはつまらない世界に突入だ。私は諦めて鏡をじっと見ていた。

何て工夫《くふう》のない顔だろう。こんな顔の髪型を、どうこうしたって一つも変わりはしないであろう。私は本当にそう思っていた。母も隣の席で髪をセットしてもらっているが、私と同じで所詮別に変わりはしないであろう。どんなに髪型だけがんばったって、にっちもさっちもどうにもならない親子なのだ。どうにもならない親子がどうにかしようとして、こんなふうに並んで鏡に映っている。人生にはこういう無駄《むだ》が非常に多い。

髪をアップにされた私は幼い老女のようになった。わずか七歳にしてお婆《ばあ》さんになってしまうなんて、雑誌の「世界の怪奇」という特集に出ていた〝老人少年〟のようである。〝老人少年〟とは、生まれた直後からやたらと細胞の老化が激しいという珍病《ちんびょう》の少年で、五歳なのにもうシワシワのおじいさんになってしまったらしい。インドだかアフリカだか、どこか遠い国の話だったから嘘かホントかわからないが、その少年の写真まで載《の》っていたので本当だったのかもしれない。その珍病にかかったのかと思われる程、我が身はお婆さんぽかったのである。

こんな小さいお婆さんの私が、これから化粧をされるのだ。「年寄りをこれ以上いじめるのはやめとくれよ」と言いたかったがそんなトンチンカンな事を言っている場合ではない。あっという間にベトベトする物を顔に塗《ぬ》られ、次に白い粉をはたかれ、どんどん〝お化粧婆さん〟になっていった。

私の横では無駄なお金をかけて髪をセットした母が「あらきれいになったねえ」などとわざとらしく発言している。どういうつもりでそんな事を言うのか。普通の時の方がよっぽどマシではないか。

私は無口になってしまった。異常に恥ずかしいやら情ないやら、こんな事はさっさと終わってほしいという思いでいっぱいであった。

無口になった私の手を引いて、母は着つけのおばさんの家に直行した。私も母も髪と化粧だけはしてあるが、肝心《かんじん》の着物をまだ着ていないので首から下はみすぼらしい格好《かっこう》で道を歩くはめになった。仮装して町中を歩くよりも恥ずかしい事だ。誰か私を隠してほしい。そしてこの母のことも。

着つけのおばさんの家に着き、てきぱきと着物が着せられ始めた。おばさんは「パンツのラインが出るから、パンツははかない方がいいよ」と言ったので私は腰が抜けるほど驚いた。この人は一体何を言い出すのか。そんなこと絶対イヤである。パンツをはかないで一日行動するなんて、考えた事がないほど考えられない状況である。

当然激しく拒否をした。母もおばさんもしつこくパンツを脱ぐよう勧めたが、私は頑《がん》として拒み続けた。人として、パンツをはいて生活するのは基本中の基本である。パンツをはかない生活なんて、モラルも常識も何もない、メチャクチャではないか。

母とおばさんは私の頑固《がんこ》な態度についに屈《くっ》し、パンツの一件はおさまった。

知り合いの、立派な家に行ったときに撮った写真もあるが、ひきつった笑顔で全くかわいくない。

何でも私が「はいはい」と言う事をきくと思ったら大まちがいである。朝風呂、美容院まではまだ我慢していたが、パンツの領域にまでは口を出されたら黙っていられない。

着つけが終わると、もう昼の11時になっていた。支度《したく》だけで身心共にくたくたである。「もう疲れたよ」とぼやく私を連れて母は写真屋へ向かった。

三歳の時は姉も一緒に写したが、今回は私一人である。やっと一人前になれたのだ。しかしこの時に撮った写真が全然かわいくない。

実に面白くなさそうな顔をしている。あいそ笑いくらいしても良かったのに、心の底から〝仕方ないからこうしています〟という表情で写っているのである。ただでさえ、〝小さいお化粧お婆さん〟なのだから別にかわいらしくないのに、〝つまらなそうなお化粧お婆さん〟になってしまった。あの時、写真屋のおじさんが「はい、にっこり笑って」と言ってくれたのに、笑わなかった自分が悪いのだ。見るたびに後悔の念が湧く一枚である。

写真屋の次は親せきや知人の家を訪問するために父の車に乗せられた。これがまた面倒なのである。どうせ行く先々で「まあ大きくなって」とか「あらまあきれいにお着物きせてもらって」とか、そのような事を言われて甘ったるいお菓子とお茶が出るだけなのだ。

予想通り、どこの家に行っても「あらまあ大きくなって」と言われ、着物がわざとらしく誉められ、甘い羊かんやドラ焼きが出され、一つも面白い事はなかった。

父も人と話すのが苦手な方なので、私と同じくらい黙ったままひたすらこのイベントに耐えている様子であった。彼は一刻も早くこの親類巡りの呪縛《じゅばく》から逃れて家に帰って酒を飲みたいのである。私だって早く家に帰ってゴロゴロしながらテレビを観たい。母も、一応社交的な笑顔で皆にあいさつをしているが、彼女だって本当はこういう気の張る事は得意ではないのだ。父が口下手《くちべた》だから自分があいさつをしなくてはならず、世間話《せけんばなし》のひとつも用意し、その場をしのいでいるだけである。

私達親子全員、誰も楽しんでこの行事に参加している者はいないのに、なぜこんな事をしているのであろうか。お祝いなんて、家の中でごちそうを食べて済ませば良いではないか。そんなふうに思ったが、行事というものは楽しかろうが楽しくなかろうがひと通りやっておかなければならないというのが渡世《とせい》なのであろう。

全ての訪問を終え、父の車は家に向かって走り出した。晩秋の夕暮れ時は物哀しく、車窓から赤い空がうつろに見えていた。

車が細い路地に入り、父はノロノロと徐行運転を始めた。その時である。

ボッコン…と鈍《にぶ》い音がし、全員前につんのめった。車が電柱にぶつかったのである。

幸い、非常にゆっくりぶつかったので誰も何もケガをせず、車の左側が少しへこんだだけであったが、私は非常にショックであった。

なんで私のお祝いの日に、車が電柱にぶつかったりするのか。父はそれまで車をぶつけたりした事が一度もなかったのに、どうしてよりによって私のお祝いの日にぶつけたりしたのか。そんなにまでも私のお祝いはめでたくないとでもいうのか。

なんだか泣きたい気分になった。朝から面白くない日であったが、一日の締めくくりが電柱激突だ。親子三人で「…あーあ」とだけ言い、車は再び家に向かって走り出した。車内では私は憂鬱のピークに達し、父はますます無口になり、母は血圧が上がって吐《は》き気《け》を催《もよお》していた。

私の七五三の思い出というものは、このような散々なものであったが、自分が大人になってみると、毎年七五三の時期によその子供が着物を着ている姿は実にほほえましいものである。

もし我が家に知人の子供が七五三のお祝いで訪れて来たら、やはり甘ったるいお菓子とお茶を出して「大きくなったねェ」などと言うであろう。着物を着せられている子供が内心は退屈しているのもよくわかったうえで、それでも私は世間話のひとつもするに違いない。それが伝統行事なのである。日本文化が古来《こらい》から受け継がれてきたのも、先達《せんだつ》のした事を自分の番が来た時にマネしてみる事で成り立っているのだ。その行事自体に意味があろうとなかろうと、伝統というものはそういうもんだと割り切って、客観的に楽しむくらいの心の余裕を持つ事が大切なのである。

大洪水の思い出

小学校三年の七月七日、その日は夕方から激しく雨が降り出し、「これじゃ織り姫もひこ星も、呑気《のんき》にデートしてる場合じゃないね」と思いつつ、私は家の中で雨を見ていた。夏の夕方にはこのように大雨が降ることもよくあるので、まあこの雨もそんなもんだろうと最初は軽いノリで考えていたのである。

それにしてもよく降っていた。夜になったらますます強く降り出したようで、雨の音がドカドカ聞こえていた。水の音らしくない音である。普通、水の音というのはピチャピチャとか、激しい場合でもバシャバシャというのが精いっぱいだ。どんなにがんばったところでドシャドシャというくらいなモンであろうに、ドカドカという音が聞こえてくるとはこれいかに。何となく我々家族の間にも不安のムードが漂っていた。

小心者《しょうしんもの》の母が「なんだかものすごいね、今日の雨は」と言い始め、窓を開けて雨の様子《ようす》を見た。外はそれはそれはもう、空の上から何万人もの人達がバケ

ツをひっくり返しまくっているかのようなすさまじい雨模様《あめもよう》であった。父ヒロシはそれを見て、「おーっ、すげぇすげぇ」と言って喜んでいた。見たこともない程の豪快《ごうかい》な降りっぷりに感心したのであろう。つられて私も「わー、すごいすごい」と面白がったら母が「あんたたち、笑いごとじゃないよ」といまいましそうに怒った。

雨は少しも疲れを見せずに力いっぱい降り続いた。テレビをつけてみると、東海地方は大雨洪水警報が出されており、地域の住民に注意を呼びかけている。事態はかなり深刻な様子だ。

しかし、当時三年生の私にはその事態の深刻さがわからず、何かむしょうにときめいた。非常事態というものは、その名のとおり通常とは異なる事態のことで、時々ドラマなどできく言葉ではあるが実際にはめったにない。めったにないことが起こっている事実が浅知恵《あさぢえ》の子供心をときめかせていたのである。

真夜中にきこえるドカドカという水の音。親がウロウロと起きているのもうれしい。時々テレビをつけて情報をみるのもうれしい。母が「今夜は恐くて眠れないよ、あたしゃ」と言っているのをきいて、「そうか、お母さんは今日はずっと起きているのか。じゃあ、もしも夜中にトイレに行きたくなってもすぐについてきてもらえるからよかった」と思うこともまたうれしい。そして何より、〝ひょっとして、この雨のせいで、明日は学校が休みになったりして〟という、思いがけないホリデーに対する期待が心の中に大きな喜びとなって渦巻《うずま》いていた。

そんなくだらない喜びを胸に抱く私をよそに猛烈な雨は止むことを知らず、

市内の浸水《しんすい》はみるみるうちに広がっていった。

翌朝、まだ小雨《こさめ》がパラついていたが大雨はどうにか収《おさ》まっていた。眠りから覚めた私は「…うむ、もしかしたら今日は学校が休みかもしれないから、少しこのまま寝ころんでいようかな」と一方的に決め、何となくゴロゴロしていた。姉が起きようとしていたので、「おい、学校が休みかもしれないんだから、そんなにあわてるのはよしなよ」と、姉までを呑気者《のんきもの》の一味《いちみ》にしようとしたが、彼女は「雨くらいで学校が休みになるわけないじゃん」と冷静に言って体を起こしかけた。

その時である。母が「今日は休みだってさ。巴川《ともえがわ》があふれてるって。ものすごいらしいよ」と叫んでいた。私と姉は大急ぎで着がえ、父ヒロシと共に一目散で巴川の様子を見に行った。私と姉は子供だから物好きなのもわかるが、父ヒロシも相当物好きな野郎なのだ。話は少々それるが、ヒロシは近所の火事などは必ず見に行く。少し遠い場所の火事は屋根の上に登って見る。田子《たご》の浦《うら》にヘドロが溜《た》まって問題になったころには私を連れて車でヘドロを見に行ったし、デパートにバルタン星人の人形が来たときにも見に行った。花火を見るのも好きだし、街角のケンカなども見る。良きにつけ悪《あし》きにつけ、何か変わったことを見るのが好きな男なのだ。しかも、ただ見るのである。何かを見たことによって、何かを学ぼうなどとは決して思っていない。彼は何を見ても「すげーな」という感想をひとこと言うだけだ。この「すげーな」のために、彼はいろいろ見るのである。

私達は巴川を見て驚いた。いつもは静かでおだやかなあの川が、ゴーゴーと荒れ狂いながら橋をのみ込んでいる。まるで、「普段おだやかでソフトな人柄のあの人が、こんなに暴れて怒ることがあるなんて」といった感じである。あの人の意外な一面を見た気分とでも言おうか。父ヒロシはこの光景を見て、案の定「すげーな」とつぶやいていた。まあ、本当にすげー状況だったので、ヒロシのつぶやきは正しいといえるが、いつもと同じなのでもう少し今回は工夫してほしかった。並のすげーとは格が違うからだ。せめて〝もッのすげーな〟ぐらい言うべきである。

我々はさらに市内の様子を見るために、川下の方向に歩いて行った。川の周辺の家々は二階付近まで水に漬《つ》かっており、二階に避難《ひなん》している住民が窓から顔を出している姿が見えた。私の同級生の家も大変な事になっていた。一家で二階に避難しているらしく、窓から「おーい、ももこちゃーん」と私を呼び、母親と共に手を振っていた。私はこんな状況の中で〝手を振る〟というような余裕のある行為はどうかとも思ったが、しかし同級生の姿を見つけた場合、たいていの場合はつい手を振ったりしてしまうものだ。彼女もつい手を振ってしまったのだろう。そして彼女の母親も。こうなるとこちらも手を振らないわけにはゆかない。手を振られたら振り返すのがマナーである。だから私も手を振ろうと思い手を上げかけたが、瞬間にふと、〝あ、どんな顔して振りゃいいんだろ〟という思いが頭をかすめた。手を振るという行為につきものなのは笑顔である。仏頂面《ぶっちょうづら》で手を振ったりすることはあまりない。大体は、親愛の情《じょう》をこめて「おーい、○○ちゃん、私はここよーっ」という合図《あいず》に使う行為だから表情は笑顔になる。

だが、今回の場合は笑顔など不謹慎《ふきんしん》ではなかろうか。彼女の一家は今水害にあっているのだ。現在進行形で被害にあっているというのに、笑顔で接してよいものか。だけどそれじゃ一体どんな顔して手を振りゃいいのか……というような気持ちを自覚しつつ、顔の神経はとっさに笑顔を作っていた。手を振れば自動的に笑顔という反射の仕組みによる行為といえよう。私は今でもあの、手を振っていた時の変な気分を覚えている。

翌日学校に行ったら、私達一階のクラスはメチャクチャになっていた。うわばきも全て流され、机はガラガラに倒れて泥だらけになっており、絵の具箱もグシャグシャだった。

全員がぞうきんがけを命令されて床をふいた。何回バケツの水でぞうきんを洗っても即泥だらけになった。

そうじが終わり、クラス内が一段落すると、洪水の夜の出来事を得意気《とくいげ》に話す者が次々と現れた。「オレは、あの夜、救助隊と一緒にボートに乗って脱出した」とか「私は母親とタンスを二階に運んだ」とか「うちの父は泳いで助けを呼びに行った」とか、「うちの玄関にはコイが泳いで来たので捕まえた」などという得《とく》した体験まで乱れ飛んでいた。

そんな時、教室内にウンコが落ちているのが発見され、騒然《そうぜん》となった。誰も教室内でウンコをしている者の姿など見かけなかったのに、そこにあるのは紛《まぎ》れもなくウンコなのである。一体どうして今ここにウンコが存在しているのか。

クラスの者達は「ウンコーッ」等とふざけて笑ったりしていたが、私は言い知れない衝撃《しょうげき》を感じていた。まず、ウンコなどというばからしいほど場違いな物が教室にポンとあること自体にショックを受けたが、このウンコの出し主の心境を思うと大変せつなくなった。

よっぽどの事だったに違いない。よっぽどまにあわなかったのだ。それでなければこんな所にするわけがない。「だめだ、も〰〰っだめだっ、まずい、ここは教室じゃないか、おいおいおい、出るなよバカッ」と心で叫びながらの結果であろう。この教室内のどこかにその人はいるのである。自分のウンコをみんなに見られて笑われて、今ウンコの出し主はどのツラ下げているのだろう。

そして、もしそれが自分だったらどんな態度でいるだろう。恐らく死にたいほど重い心境の中、それでも皆と一緒にウンコを見て笑うに違いない。このニヤニヤしている生徒の中の誰かが、そういうニセ笑いをしているのだ。その人のことを思うと、私は笑えず重くなった。

先生は、ウンコを指さし「洪水の後で、伝染病などが流行っているのかもしれない。恥ずかしいことではないから、した人は手を挙《あ》げなさいっ」と言ったが、誰が挙げるものか。恥ずかしいことではないわけがない。ウンコを教室内でしてしまったなどということ以上に恥ずかしい経験など、人生の中でそうそう起こるものではない。私は先生に「じゃあアンタなら名乗るか？」と問いただしたい気持ちでいっぱいであった。

その後、ウンコの出し主は判明せぬまま時は流れ、帰りの会になった。帰りの会では、今回の水害により被害の大きかった家の生徒数名が、学校からの援助で絵の具等をもらえることになり、教壇の前に並んで先生から品物を受け取っていた。それを見ていたクラスメイトの男子が「いいなー、もらえる人は」

とつぶやいた。私も内心「いいなー」と思っていた。

そのとたん、先生は「ばかもんっ」と大声で怒鳴り、その男子をぶっ叩いたのである。先生は怒りながら「水害にあわないのと、絵の具をもらうのとどっちがいいっ。おまえは水害より絵の具がいいのかっ」と男子を責めた。男子はすでに泣いていた。私は自分も心の中で「いいなー」と思ったことを恥じつつ、しかしあんなに怒らなくてもいいじゃないか、とも思っていた。目の前で誰かが何かをもらえばちょいと「いいなー」くらいは思ってしまうものだ。その思いはその場の状況がどうだとか関係なしに、〝もらっている人〟と〝もらってしまいない自分〟という事だけに焦点はしぼられ、つい〝いいなー〟と思ってしまうのである。怒られて泣いている男子が気の毒で仕方なかった。心の中で〝いいなー〟と言った自分と彼に差はない。あの涙ぐんでいる姿は私のものでもあるのだ。

あの洪水は色々な思いを私に体験させて去っていった。私の失ったものは、うわばきだけだったが、絵の具箱は水に漬かったためにその後カビがはえていた。だが、新しい物は買ってもらえず、カビをふきながら使うはめになったので、改めて「絵の具をもらった人はいいなー…」と少しうらやましい気持ちが湧いていた。

マラソン大会

小学校時代の私にとって、マラソン大会は心のアキレス腱《けん》であった。マラソン大会の事を少しでも考えると〝うっ〟と心が痛くなるのである。嫌で嫌でたまらなかった。どうしてあんなに苦しい事の競走などわざわざ子供達にさせるのか。もっと楽しい事で競い合いをさせればよいではないか。私は常にそう思っていたが、そんな私のぼやきなど、とうてい学校側に届くものではなかった。

マラソン大会は、毎年二月の上旬に行われていた。二月の行事なのに、私の心は十月あたりから重くなり始めていた。日が短くなるにつれ、あの苦しみが近づいてくるのである。家にこたつが準備されたりすると「ああ、冬になってきたな…また一歩近づいてきたな」と憂《うれ》い、冬休みになればなったで「ああ、冬休みか…クリスマスやらお正月やら、つかの間の楽しみはあるものの、そんなものはちょっとした気休めで、そのあとにはもうすぐにアレがあるんだ…」と憂う始末であった。

大げさに言っているのではなく、マラソン大会の存在は、そんなにも私にとって負担だったのである。あの行事さえなかったら、私の子供時代はもっと軽《かろ》やかな笑顔をふりまけたと強く感じている。

そんなに嫌いな事なのに、私はマラソンが得意であった。〝好きこそ物の上手なれ〟などという諺《ことわざ》は腹が立って仕方がない気持ちでいっぱいだ。世界で一番嫌いな事なのに、かなり上手にこなしてしまう自分がうらめしくてたまらなかった。

足が速かったのである。毎日神社や寺で遊びまくっていたから神仏の力で足が速くなっていたのだろうか、それとも年がら年中親に怒られていたから逃げ足が速くなって自然に鍛《きた》えられていたのだろうか。いかなる理由かわからぬが、私の足はかなり速かったのである。足の速さを見込まれて、女子サッカー部に入部しないかと、小学三年当時の担任の先生にすすめられたこともあるが、朝練がきつそうなので断わった。これは英断《えいだん》だったと今でも思う。

マラソン大会では十位までに入ると賞状がもらえるのだが、私は一年生の時に転んで五十二位になり、二年では九位というギリギリの線で入賞を果たして賞状をもらっていた。この賞状がまたクセ者で、これをもらってくると親が喜ぶのである。今にして思えばこんなものもらってきたからといって、そのあとの将来に何の影響があるものではない。まあ、将来マラソンの大選手にでもなるような人にとっては値《あたい》のあるものになるだろうが、たいていの者にとっては別に何てことのない物である。二十歳《ハタチ》過ぎて「わたしゃねぇ、子供の頃にマラソン大会で速く走ったものだから賞状を何枚ももらったよ」などと誰かに言っても「ああそうですか」くらいなものである。

だが当時の私の親、特に母親はこの賞状にかなりの値打ちを見込んでいた。これをもらってこなきゃあんたを育てているかいがないよとでも言わんばかりに「がんばって今年ももらっておいでよっ」と私にプレッシャーをかけていた。彼女がどうしてそんなに私に期待をするのかといえば、私の姉が小児ぜんそくの体質だったため、マラソン大会ではいつもビリのほうになっていたのである。それで母は、「ああ、うちの子はマラソン大会にはむいてないんだなァ」と思ってあきらめていたところ、私が小学校に入学してマラソン大会にのぞんでみたら、姉とはうってかわって賞状までとってきたものだからすっかり舞い上がってしまったのだ。こうなると、姉がダメな分の期待まで私にかかってくる。この母の期待が必要以上に私を苦しめていたのであった。

ヒロシのほうはどうかといえば、「まあ、がんばってこいよ」といった楽な調子であった。彼も私が賞状をもらってくるのを一応は楽しみにしているようではある。しかし、母のような期待のかけ方は決してしなかった。彼にとっては、子供のマラソン大会の結果など、別にどうでもよかったのであろう。そういう不熱心さが彼の長所であると私は思う。だからといって、オーバーヒート気味の母の気持ちもわからないわけではないが。

正月も過ぎ、三学期が始まると、私の心の重さはピークを迎えた。心の沈み具合といったら、冬のロンドンの空模様と同じだ。いつ何時《なんどき》でもどんよりしている。

三学期の朝は、毎日一時間目が始まる前にマラソン大会の練習というものがあり、マラソン大会で走る学校の外のコースを走らされた。これも大変に辛《つら》いもので、寒い中を走りながら通りすぎる家々を横目で見ながら、「ああ、こうして私達が走って苦しんでいる間も、家の中にいる人々はお茶を飲んだりテレビをみたりしてすごしているんだ…いいよな、いいよな」と、立場を交換してほしい想いがつのった。

いよいよマラソン大会が近づいてくると、私はどうにかしてカゼでもひかないものかと思い、そのための努力を惜しまなかった。わざと薄着で外に遊びに行ったり、カゼをひいているクラスメイトのそばにばかり行ったり、風呂あがりに湯冷めしてやろうと、下着姿で無意味に家の中をウロウロしてみたり、こたつでうたた寝してみたり、やれることはとことんやった。熱さえ出ればこっちのものなのだ。37度、この体温さえ手に入れれば、全ての苦悩から解放されるのだ。

だが、低体温気味の私にとって37度の壁は厚かった。36・7くらいまではどうにか上がる事があるものの、37度のレッドラインをどうしてもクリアできないのである。毎朝、基礎体温をつけている婦人のように規則正しく体温をはかっていたが、37度をこえられないくやしさで無念の涙を流す日々が続いていた。

自分はどうしてこんなに体が丈夫なのかと考える事もしばしばあった。カゼをひいて、マスクなどをしているクラスメイトが「早く治りたい」と言おうものなら「ぜいたく言うな」と即座に思った。マラソンの練習を見学している生徒などは垂涎《すいぜん》の的《まと》であった。

カゼにも見捨てられたまま、遂にマラソン大会はやってきた。当日の朝もまだ未練がましく体温をはかってみたが、35・8度という絶好調の温度が示されている。もう走るしかない。腹が痛いなどと見えすいた嘘を言ってもムダなのはわかっているからすまい。

「がんばっといでよ」と母にランドセルを押されて家を出る。晴れている空がうらめしい。この空の下を何時間か後には苦しみながら走るのだ。自分の心はロンドンの空だというのに、日本の太平洋側はどうしてこんなにスッキリ晴れているのだろう。

級友達も皆沈んだ顔をしている。マラソン大会をうれしく思っている子供など、体育好きのごくわずかな生徒しかいないのだ。ほとんどの者が「いやだ」とつぶやいている。このさい、〝マラソン大会反対〟の生徒が一気に徒党を組んで職員室になぐり込みに行けばどうにかなるのではないかという気もするが、子供というのは弱いもので、そんなことまでやろうという者は誰もいない。

マラソン大会の時間がやってきた。くつ箱からくつを取る手も寒さと緊張で震えている。一時間後の私は、マラソン大会が済んで心晴ればれとこのくつ箱に戻ってくるのだろう。ああ、一時間ワープできないものか。

まず男子が先にスタートする。学年全員の男子合計百三十人余りがスタート地点につく。他人事《ひとごと》ながら、次は我が身となると手に汗握ってしまう。ピストルの音が鳴り響き、男子達が一斉に走り出す。ドジな男子数人が後方で転び、それにつまずいてダンゴ状にゴロゴロとまとまって転《ころ》がっているのが見えた。あの転がる連中の姿が、数分後の自分になりませんようにと思わず祈る。

もう、苦しいったらありゃしない。やだね、マラソンは。

男子が学校の外のコースに全員出てしまうと、すぐに女子が走り出す番がやってきた。全員スタート地点に並ばされ、ピストルの音を待つ。心臓の音がドクドクと頭の後部からきこえている。実に嫌な気分である。走る前からこんなに心臓を働かせてしまっては、走り出したらぶっ壊れてしまうのではないかと心配になる。
ピストルの音と共に自動的に足が走り出す。後方で「キャー」という数名の叫び声が聞こえた。転んだ者がいたのであろう。先程の男子達のようにダンゴになっているのかもしれない。しかし、そんなことにかまっている場合ではない。少しでも余計な事を考えると、たちまち体全体に負担がかかる。脳を使うというのはかなりのエネルギーが必要なのだ。今はできる限り脳を使ってはいけない。

脳の働きを節約しつつ、前の人の背中だけを見て走る。前の人が級友だろうが親友だろうが抜ける機会があれば抜く。走る前に「一緒に走ろうね」などと約束していた友人でも遅ければ見捨てる。調子を合わせていこうなどという事に脳も気も使っているヒマはない。走るのは自分自身だし、苦しいのも自分自身なのだ。この苦しみから早く脱出したければ速く走るしかない。マラソンとは人生のカルマの法の略図に近い気もする。詳しくは知らないが。

コースも中間にさしかかるとかなり苦しい。きこえているのは呼吸の音と足音だけだ。大人になった今でも、思い出すと苦しい気分になってくる。当時の走っている私にむかって「ほらガンバレガンバレ」と背中を押してあげたい気持ちでいっぱいだ。

ゴール近くになってくると、先に終わった男子達が「ガンバレーッ」と応援する声がきこえてくる。彼らはもう極楽浄土《ごくらくじょうど》の住人達なのだ。先程の人生のカルマの法に例えれば、解脱《げだつ》した者達だといえよう。

男子達の前だからといって、自分の好きなナントカ君が私を応援してくれているかしらだとか、ああこんな苦し気な姿をナントカ君に見られたら恥ずかしいわ、などとたわけた事を言っている場合ではない。最悪の場合は、そのナントカ君とやらの前で、アワを吹いてひっくり返ったりするかもしれない状況なのである。カニでもないのにそんなことになるかもしれないのだ。ナントカ君などどうでもよい。

そんな極限《きょくげん》状況の中、ゴール二百メートル付近に立っているクラス担任が「さくら、あと一人抜けっ、そうすりゃ十位になるぞっ」と私に声をかけてきた。

脳をあまり使いたくないはずなのに、私の脳はその言語をキャッチし、「よしっ」と気合いを入れ、最後の力をふりしぼる。本来なら出ないはずの力を出すために、体中がスピードを上げる。もう、体のどの部分のスピードが主に上がっているのかもよくわからないが、前の人を抜こうとする。前の人だって、ゴール目前で入賞をみすみす逃しちゃたまらないという気合いでスピードを上げる。これがせり合いという状況だ。せり合っているなァとうつろに思う。

せり合ってる相手より一歩速く自分の足がゴールに入ったのを見届けてマラソンは終わった。ゆっくり歩きながら呼吸を整え、せり合っていた相手に「すまんね」と思う余裕も生まれてきた。そして、空を仰ぎ、「ああ、ようやくおわったな。…よかったけれど、また四年生の冬にはあるのか…ああ、でも、しばらくは軽やかにすごそう。賞状ももらえるんだし…」と、すがすがしく感じていた。

…が、小学校三年生の年はオイルショックの紙不足により、五位までしか賞状がもらえないという情ない事態となった。全校生徒で六位から十位までの男女合計六十枚の賞状を、節約したからといってオイルショックに何の役に立つのか。六十枚の紙の節約のために、六十人の生徒とその家族から笑顔を奪うことの方が有意義だとでもいうのだろうか。

…と当時は腹が立ったものだが、あの時十位の賞状をもらっても、今となっては別に「ああそうですか」というくらいの価値しかないので、腹も立つまい。

ツチノコ騒動

ツチノコという生物がクローズアップされたのは、私が小学校二年生頃の事である。それまでツチノコなどという名前は聞いたことがなく、何だろうと思っていたら、まだ誰も本当の正体はわからない生物ということであった。それならそんな名前など知らなくて当然だ。正体もわからぬ物に、名前をつけた人がいるのも馬鹿げた話である。

当時、ワイドショーや雑誌ではツチノコの話でもちきりだった。ツチノコを捜そうという特番まで放送されていたし、デパートではツチノコを捕えた人に賞金を出すという企画が全国で展開されていた。

全国規模でこんなに盛り上がってツチノコを捜したにもかかわらず、ツチノコは見つからなかった。捕まるどころか写真などでチラリと姿が見えた事もない。それならそんなものはいないのではないかと思うのだが、これがそういうものでもない。目撃者だけが後《あと》を絶《た》たないのである。捕まえたり写真を撮った人はいないが見た人はいる。テレビのブラウン管にも姿を現さないが、肉眼で生《ナマ》のツチノコを見たという人はいるのだ。

続々と目撃者が現れているのに決定的な証拠《しょうこ》はない。見た人の話によれば、「ヘビのようなハ虫類で、胴体がビールびん位の太さで全長四十センチ程」という情報で統一されていた。全ての目撃者が口を揃《そろ》えてこう言うのである。

見たことのない多くの人々は、「変わったヘビがいるもんだなァ」という感想を抱く。そんな変なヘビ、いるのかなァと思うが、考えてみればキングコブラは怒ると胸のあたりが大きく開くので、ヘビにしてはかなり特殊といえる。だから胴体がビールびん位の太さのヘビがいてもおかしくない。直立して走るトカゲがいるぐらいである。太めの胴体のヘビなど、発見されて定番化《ていばんか》すればたいして誰も驚きゃしないであろう。いないからこんなに不思議がられているのだ。

ツチノコは〝幻のヘビ〟と言われるようになった。幻だと言われているにもかかわらず動きがすばやいとか、一メートル以上ジャンプするとか、猛毒を持っているなどという情報が乱れ飛んでいた。動きや、ジャンプ力などは目撃談としてひょっとすると正しいのかもしれないと思えるが、毒の件に関してはどうも腑に落ちない。誰か噛《か》まれた人がいるのかといえばいないし、捕まっていないのだから研究されたわけでもないのにどうして毒があるなどとわかるものか。しかも猛毒とまでだ。このように噂というものは尾ヒレがつくのである。

当時子供だった私は、ツチノコを心から見てみたいと思っていた。本当にいるのか、それともいないのか、その辺だけでもハッキリ知りたいと思っていた。父ヒロシに「お父さんもツチノコ見たい？」と尋ねたところ、見てえなァと言っていたので彼も興味があったのだろう。どうせ見たところで「おぅ、ホントにいたのか、スゲーな」と言うだけであろうが。私とて、たぶん「へえ、ホントにいたのか、ふーん」という程度の感想だろうが、それでも見たい。人の心というものは、細かい刺激さえも求める貪欲《どんよく》な代物《しろもの》である。

そんな時、クラスメイトの中でツチノコを見たという者が現れた。えっ、誰それ？　と思っていたら、何と親友のたまちゃんだった。これがはまじやブー太郎だったらウソつけこのバカと一笑《いっしょう》に付《ふ》すところだが、たまちゃんとなると信憑性《しんぴょうせい》が高い。いや、信じなくては親友といえないだろう。たまちゃんが、くだらないウソをつくわけがない。

たまちゃんの話によれば、夕方の自宅の庭で見たのだという。日本全国で捜してても見つからないものが、どこぞの家の庭なんかにウロウロしてるかよと思うかもしれないが、たまちゃんの家はお金持ちで広い広い庭に大きな池まであり、木が何本も植えてあるのだ。ツチノコでなくともあそこに住みたいと思う者は多いと察《さっ》する。あてもなく山林を捜すより、たまちゃんの家の庭の方がはるかにいそうである。

早速《さっそく》たまちゃんの家に行く事にした。もしもうまく捕える事ができたら、デパートに持ち込めば賞金がもらえるしテレビ局でも大騒ぎの特番が組まれるだろう。わくわくする話ではないか。捕まえる時に必要なタモは持って行った方が良いかとたまちゃんに尋ねると、うちにあるからいらないという返事がかえってきた。それなら手ブラで行くだけだ。

学校から家に帰り、親にたまちゃんの家の庭にツチノコがいるらしいという話をしたが母もヒロシも「そりゃたまちゃんの見間違《みまちが》いだ」と言った。私もそうかもしれないと思ったが、親友の言うことだから信じているのである。親も、娘の親友の話なのだから信じるべきである。信じた方がこの際愉快ではないか。私はそう思うが今は親に愉快の必要性を説いているヒマはない。ランドセルを置いたらすぐに現場に直行だ。

現場に直行すると、既にたまちゃんはいた。現場が彼女の家なのだから当たり前である。あい変わらずの広い池には赤や黄色やメタリックな光沢《こうたく》のあるコイがウヨウヨ泳いでおり、松の木や竹や梅などがあって大変おめでたい様子である。ジャックという名のカメもこの池には住んでいて、時折姿を見せるという話だ。あとはツルさえ飼えば万年正月の庭となるであろう。

私達は庭中を捜した。松の木の下や池の周りやその他植え込みの陰など、怪しい気配のある場所は全て見て回った。もしも急に見つかった場合には、ヤツ

たまちゃんのいえの庭で
ツチノコをさがしているところ。
いた？
いないね。

も驚いて一メートル以上のジャンプをして猛毒を持つ牙《きば》を向けてくるかもしれないから気をつけなくてはならない。そんな未知の動物に噛《か》まれて毒が体内に入ったら、まだ血清《けっせい》も作られていないため死に至るであろう。

夕方まで我々の捜索《そうさく》は続いたが、何の手がかりも得られなかった。しかし、見つからなかったといっても、私はたまちゃんの話をウソだとか勘違いだろうなどとは思っていない。たまちゃんが見たというからには、きっとたまちゃんは見たのである。

私はたまちゃんに自分は信じている旨《むね》を伝え、家路についた。

帰る途中、線路の橋の上から私は夕焼けを見ていた。この橋の上からは富士山もよく見え、空の色も特別に美しく見えるので個人的に好きなスポットのひとつであった。目線を夕焼けからふと線路ぎわの土手に移した時、土手の草むらがガサガサと動いたのでハッとした。

何かいる!! そう思い注目していると、一瞬だったが何か太いヘビのような生物がすばやい動きで通りすぎるのが見えた。〝えっ?〟と思い、更にジッと注目したがもう何もいなかった。一体あれは何だったのか。亀にしては動きがすばやかったし、足はなかったように思う。…まさか、まさか、まさかツチノコを私も見たのであろうか。でも、チラッと見ただけでよくわからなかったから確かなことは言えないし証拠もない。

私は赤い夕日に照らされて、橋の上でしばし放心状態となった。目撃者が多いわりには確かなことがわからないという世の中のこの状況は、こういう事だったのかと思った。捜しても見つからないけれど、思いがけずに見かけるのである。そして〝えっ？〟と思っているうちに見失うからいつまでたってもツチノコは幻なのだ。

賞状をもらう話

別に今さら自慢するわけではないが、私はかなり賞状をもらった方だと思う。絵とか文章とか、賞状をもらえる分野の作品が得意だったのである。これが算数とか社会とか、そういうものが賞状をもらえる分野であったら恐らく一枚も手に入らなかったであろう。たまたま絵や文章などは賞状が出る分野であったため、私はもらえて得だったたと思っている。

小学校の頃は、毎年二〜三枚はもらっていた。絵で一枚、読書感想文で一枚、マラソン大会で一枚、というような具合である。時々まぐれで習字などでもらったこともあるが、これは別モノである。偶然うまく書けただけであり、本来習字の実力はない。

小学校一年になり、初めて賞状をもらってきた時には親は喜んだ。父は「すげーな」と例のセリフを発し、母は「えらいね、よかったね」と言った。私は「どうだ」という気分であった。すごく誇らしかったしうれしかった。担任の先生もほめてくれたし、私は幸せの絶頂であった。もらった賞状を机の前のカベの上方《じょうほう》に飾ると、自分が優秀な生徒のような気になった。例えばメガネをかけて〝秀才君〟とか言われているような子供になった気分なのである。

しかし、何枚かもらってくるうちに賞状はたいして珍しくもなくなり、親も初めほど喜ばないし、自分も初めほどうれしくない。感動が薄れて有難《ありがた》みがなくなったのだ。私にしては贅沢《ぜいたく》な話である。

三年生の秋、私の絵が入選になり賞状をもらうことになった。ああ入選になったのか、よかったよかったと、このくらいの喜びはいくら薄れたといっても湧いてくる。いつもは先生が教壇のむこうから賞状を渡し、クラス内の生徒が拍手するという方法で受け取るのだが今回は少し違うらしい。

なんと、十一月三日の文化の日に、小学校の体育館で多くの人が見守る中、舞台の上まで行って賞状を受けとるというのである。これは賞状関係の出来事では久々のヒットである。親も「へぇ〜〜〜」と色めき立ったし、私自身もワクワクドキドキときめいた。わざわざステージの上まで登って賞状をもらうなんて、ずいぶん派手でゴージャスじゃありませんか？　ってなもんである。入選した絵は床屋の店内で写生したもので、床屋のおやじが客のヒゲをそっているという何の変哲《へんてつ》もない床屋内の風景であった。私は自分ではそれほど上手く描けたとは思っていなかったが、入選したのならそれでよい。審査員がどこをどう気に入ってくれたのだか知らないが、このたび賞状をステージでもらえるのも彼らのおかげである。

十一月三日、その日私は朝からクラスメイトの誕生会によばれて出かけていた。授賞式は三時半からという事なので、三時頃にヒロシが車で迎えに来る予定になっていた。

私は朝から落ちつかない気分であった。誕生日を迎えたクラスメイトには悪いが、正直言って彼女の誕生会なんてうわの空であった。今日おめでたいのは彼女よりむしろ私なのだ。午後三時半には世にもおめでたいスポットライトがこの身を照らすであろう。それを考えただけで、あ——…っと長い溜め息が出てしまう。晴天のこの青空に、流れ出してゆきそうな気持ちである。

やがて時刻は三時を迎え、ヒロシが車でやって来た。定刻《ていこく》に私を迎えに来たヒロシがまるで自分のつき人のように思えた。

つき人にしては粗野《そや》なヒロシが「さっさと乗れよ」と私に乗車をうながすので、私はそそくさと車に乗り込んだ。乗った瞬間、ちょっとだけ尿意に気づいたが、今さら友人宅に戻ってトイレを借りている暇もないと思いそのまま出発した。

学校の体育館に着くと既《すで》に母が待機しており、「早く早く」と呼んでいる。まもなく授賞式が行われるらしい。私は、尿意のことが本格的に気になり出してきた。まだ我慢できないほどではないが、トイレに行っておくにこしたことはないという段階である。行ってこようか…でも、授賞式はもうすぐ始まる…いや今すぐ行けば間にあうだろう…私は迷った。迷ってもたもたしているうちに、授賞式は始まってしまった。

尿意の事が本格的に気になり始めたとたんなぜか急激にその意は増してきた。気にしなければもう少し余裕があったはずなのに、気にし始めると尿意はどんどんエスカレートするものである。これは不思議な事だ。

私の尿意をよそに、受賞者の名前は次々と呼ばれている。一年生から呼ばれているので今ならまだ、トイレに行ってもギリギリ間にあうかもしれない。しかし、間にあわないかもしれない。微妙なところである。トイレに行って帰ってくるまでおよそ三分くらいかかるであろうか。いや、四分はかかるかもしれない。三年生の番が来るまでに、四分もつであろうか…。そんなことを考えているうちに二年生の受賞者の名前が呼ばれ始めた。迷っている間にサッサと行けば間にあったに違いない。今となってはもう絶対に遅い。一年生の名前が呼ばれている時が最後のチャンスだったのだ。私はなんてこうも思い切りが悪いんだろう。小便の悩みなど、サッと行って帰ってくりゃそれで済むことではないか。何度もそのチャンスはあったのに、一体誰に遠慮してこんなに満水の膀《ぼう》胱《こう》をかかえているのか。

事態は深刻になっていた。よく、テレビ雑誌の映画評論にあるチェック欄に、スリル度とかユーモア度などの度合いが五個満点方式の星印《ほしじるし》にて表されている

ギリギリの状態のわたし
…やばいっやばいよコレは…
もうダメかも……
早くっ早くおわってくれえ
ドキ
ドキ

が、それの方式で今の尿意の我慢度を表せば、星が四個といったところである。満点の五個まであとひとつ、そして五個になったらもう後がないので漏《も》れますよ、ということだ。

順当に考えてゆけば、我慢度の星が五個並ぶのはステージ上になるであろう。よりによってそんな場所で、人生の中でめったに行くこともないそんな場所で、頂点に達する気持ちが尿意の我慢なんて神も仏もあったもんじゃない。

悶々《もんもん》としてうつむき加減《かげん》になっている私の耳に、三年生の受賞者の名前が呼ばれ始めているのが聞こえた。まもなく私の名前が呼ばれるであろう。

…ホラ呼ばれた。呼ばれたら返事をしなくてはならないので返事をした。母が「さあ行きなさい」と私の背中を押す。ヒロシはニヤニヤしている。

尿意と緊張の高まる全身を引きずりながらステージに向かう。案の定、ステージの上に立ったその時、我慢度の星印は五個になった。これ以上は我慢の限界を越えますよ、ということになったのである。

少しでも歩くと漏れそうになる。賞状を受け取りに中央まで歩けるかどうか心配だ。でも行かなくてはならない。最終的には、ステージから降りたあともトイレまで歩かなくてはならないのだから、今ここで歩けないなどと言っていたらお先まっ暗である。

私は慎重に歩いた。右足、左足、右足、左足…と、どちらの足が前へ出ているのかということを、確認しながら中央まで進んだ。客席の人達は拍手している。こんなおかしな事態になっている私にむけて、惜しみない拍手などもったいないから惜しんでほしい。

ステージ中央では、校長先生がにこやかに「おめでとう」と言って両手で賞状を差し出してくれた。私は両手でそれを受け取りつつおじぎをした。おじぎをする時、腰を曲げたので少々膀胱に圧力がかかってドキッとした。だがそんなこと、この校長先生にも客席の人々にも関係のない話である。自分の膀胱の問題は自分自身のみの問題であり、自分自身の敵は自分自身である。受験生と同じだ。

賞状を受け取った私は、中央から舞台のそでの方向に再び歩いてゆかなければならない。右足、左足…とまた確認しながら歩き出し、どうにかステージを降りることができた。あとはトイレにまっしぐらである。走りたいけれど走れないため、〝急ぎたい気持ちの歩き方〟という姿でトイレに向かった。この歩き方は普通の歩く姿よりも、どことなく心もとない浮遊感《ふゆうかん》が特徴である。小堺《こさかい》一機《かずき》などにやらせたらうまそうだ。いや、欽ちゃんファミリーなら皆うまいかもしれない。

トイレにたどり着いて間に合った瞬間、一気に様々な喜びが満ちあふれてきた。まず、この尿意の一件が無事に終了したこと、そして友人の誕生パーティーが楽しかったこと、そして私の晴れ舞台を両親がみていたこと、さわやかな秋の午後、どこからともなくキンモクセイの香りが漂っているのも喜ばしい。

そう思ってトイレから出ると、キンモクセイの香りはトイレの芳香剤《ほうこうざい》の匂いであった。喜びがひとつ減ったが、まあよい。

家庭教師のお兄さん

姉の家庭教師が来ることになった。私が幼稚園の年長組の頃の話である。家庭教師が来るといっても、受験戦争に向けての特訓《とっくん》とかそういうものではなく、うちの両親は店をやっているせいで子供の勉強をみてやる暇がないから、せめて宿題くらいは誰かにみてもらおうという程度の気軽なノリであった。

姉がみてもらうついでに、近所の姉の友人二～三人もみてもらう事にしたらしい。夕方になると、うちに何人かの子供が集まった。

私はワクワクしていた。姉の友人が集まるのもうれしいが、大学生のお兄さんが来るのである。私は若者と遊ぶのが大好きな子供だったので、大学生のお兄さんに大きな期待をかけていた。どうか話のわかるイイ奴であってほしい。

まもなく大学生はバイクに乗ってやって来た。バイクに乗っているというだけで、若者らしくて好感がもてる。私は二階の窓から大学生がバイクを止めて降りるのを見ていた。そしてヘルメットをはずした直後に「おーい」と呼んで手を振ってみた。大学生は少し驚いた様子でこちらを見上げ、親しみやすい笑顔と共に手を振り返してくれた。

良さそうな若者である。私は窓を閉めながらうれしくなった。そして姉達に混じって、大学生が部屋に来るのを待った。

すぐに若者はやってきた。うちの母も一緒にやってきて、「宇野《うの》先生、よろしくお願いします」と言って去っていった。若者は宇野という名字のようだ。姉達はそれぞれ簡単に自己紹介をし、早速宿題にとりかかった。

私はもうすっかり宇野先生になついていた。わりあい人見知りをする質《たち》だったのに、宇野先生に対しては全く平気であった。幼いながらもウマが合うと感じたのであろう。初めて会ったその日から、私は宇野先生にいろいろな話をした。幼稚園の子供の話など面白いわけがないと思うが、宇野先生は真剣にきいてくれたし、質問にも答えてくれた。私を子供扱いする気配はなく、ちゃんと対等に接してくれているのも大変気に入った。

それからというもの、私は宇野先生が来ると必ず姉達と一緒に参加し、ああだこうだと話をしたり、なぞなぞを出してくれとせがんだり、趣味《しゅみ》の切手を見せて自慢したり、ことごとく皆の勉強の邪魔をした。

もちろん、母からは邪魔《じゃま》をしてはいけないと再三《さいさん》にわたり注意されていたが知ったこっちゃなかった。姉も「あんた、あっちに行きなよ」といまいましそうに追い払おうとしていたが無駄《むだ》であった。宇野先生は私の味方だったのである。母や姉が私を叱っても、宇野先生は「いいですよ、ももこちゃんも一緒にいてもかまいませんよ」と言ってくれたのである。よくぞそんなことを言ってくれたものだ。私など、別に子供嫌いではないがとりたてて子供好きというほうでもない。〝子供普通〟とでもいおうか。どちらかといえば大人のほうがよっぽど好きだ。相手にするなら大人に限る。だから、もしも自分が宇野先生の立場だったら、幼稚園の子供がまとわりついてきたらうるさいと思うし、親が「邪魔しちゃダメだよ、こっちに来なさい」と連れてゆこうとしていたら幸いに思って黙っている。決して「ここにいてもかまいません」とは言わない。かといって、「そうですね、さっさと連れて行って下さい」とハッキリ言うので

みんなの勉強中、
先生の肩の上にのって
しつこくサルのマネをしたときは
さすがに怒られた。
うっほ
うっほ
姉
近所の子
先生

はなく、黙っているという手段をとるであろうと思われるところが私の卑怯《ひきょう》な一面である。そのように、私は卑怯なのだ。でもそれを隠さずに、こうやって書いているのだから許してほしい。

宇野先生は、私のために自己流のパズルや迷路などを作ってきてくれた。みんなが勉強して静かにしていなければならないあいだ、私にはそれを与えて静かに遊ばせたのである。宇野先生の作ってくれたパズルや迷路はとても面白く、私は夢中で静かに遊んだ。そんなことをしてくれる大人は今まで見たことがなかった。親せきのお兄さんやお姉さんでさえなかなかそこまでつきあってくれない。逆に言えば、どうして宇野先生はあんなに私をかわいがってくれたのだろう。私の趣味の切手集めにも宇野先生は協力してくれた。「スタンプの押してある切手でもかまわなければ、きれいなのや珍しいのがいっぱいあるよ」と言って、ある日封筒いっぱいに使用済みの記念切手を持ってきた。私は目をみはり、「なんでこんなにいっぱいあるの?」と尋ねたところ、宇野先生は友人達に頼んで少しずつ集めてくれたらしい。そんな手間《てま》をかけてまで、家庭教師先《さき》の幼稚園の女の子のために骨を折る人がこの世に何人いるであろうか。ひとつひとつの思い出をたどるたびに、宇野先生の私に対するやさしさが実に誠意のこもったものであることに改めて気づき胸が熱くなる。

宇野先生は、きっと全ての人に対してそういう接し方をする人だったに違いない。すばらしいことである。当時、宇野先生は二十二歳位だったと思うが、私が二十二歳の頃と比べてかなり差がある。三十一歳になった今と比べても宇野先生の立派さには到底《とうてい》かなわない。

一年間ばかり、宇野先生はうちに来てくれていたが、大学を卒業することになり下宿先から実家に帰る都合で家庭教師を辞める日がやってきた。その日もいつも通り姉の友人達がうちに集まり、宿題をやり、母の作った夕飯をみんなで食べて過ごした。

幼い私は、その日限りで宇野先生に会えなくなるという実感が湧かず、寂しさも悲しさもなくただそこにいた。母がやってきて、私にキチンとあいさつをするように言ったが、私はいつも通りに「またね」と言って笑って手を振った。宇野先生も「またな」と言って手を振っていた。

私は外へ出て、宇野先生のバイクが遠ざかってゆくのを見ていた。見えなくなるまで見ていた。それからもう二十五年も過ぎてしまった。宇野先生が、今どこで何をしているのかも私にはわからない。私のことを憶えていてくれるかどうかもわからない。死別に近い別れだったのである。なのに当時はそれに気づかず、「またね」と言って笑った自分の幼さが哀しい。そして宇野先生の「またな」という言葉を信じていたことも。

自転車の練習

私は自転車に乗れるようになるまでに、かなり苦労をしたほうだと思う。友人や知人の話をきく限りでは、皆それほどたいした苦労もなく乗れている人が多い。なんとなく乗ったら乗れたとか、いつのまにか乗れるようになっていたとか、私からみれば夢か魔法でも使ったのかと言いたい話ばっかりである。

私の場合はまさに血と汗と涙の特訓であった。一度目は、小学校二年の夏に友人の勧《すす》めで練習をすることになった。家族用の自転車しかなかったので、やむを得ずそれを使うことにしたが子供の私には大きくて高い車体が恐かった。

友人は既に乗れるので「さあ、がんばっていこう。カンタンカンタン」と気軽に言う。初めはその言葉にのせられ、ああそうか、カンタンなのかと両足を地面から離したとたんに転んだ。全然話が違うではないか。これのどこがカンタンなものか。少し考えればわかる事だが、このふたつしかない車輪が地面に立つわけはないのである。だから両足を地面から離したら転ぶに決まっている。

冗談ではない、この友人は何てことを私にさせるのであろう。そんな思いが湧いていた。私は友人に「乗れるわけないよ。コレ、転ぶに決まってるじゃん。両足離したらすぐ転ぶもん」と文句を言った。しかし友人は「転ぶ前にこぐんだよ。そうすれば転ばないで前に進むんだから。ホントだよ」と言う。

　ホントかなァ…と疑いつつ、もう一回やってみる。ダメである。やはり転ぶ。転ぶ前にペダルに足をかけてそれを回すなどという余裕は全くない。とにかく、地面から足を離すと同時に車体は傾《かたむ》くのである。どうしようもない。

　自転車の練習開始からわずか数分間のあいだに、その場を動かずして二度も転んだ私は早くも嫌《いや》気《け》がさしてきた。日常生活をふつうに送っているならば、転ぶなどという事はめったにない出来事である。年に三回あれば多いほうだ。それなのに、この数分間に二回も転んだのである。数分間に年間回数の$\frac{2}{3}$も体験してしまうなんてとんでもないことだ。私は友人に「…もうやめよう。わたし、まだ自転車に乗れなくてもいいよ」と言った。友人は「ええっ」と驚いた。まだ練習を開始したばかりなのに、もうやめたいと言う私の根性のなさに呆《あき》れたようである。

友人は「ももちゃん、いい？　自転車はね、カンタンなんだよ。初めだけ、ちょっと苦労するかもしれないけれど、それが終わればあとはすごく楽しいんだよ。一緒にサイクリングに行こうって言ってたじゃん。ファイト出してよ」と私を説得《せっとく》した。

確かに苦労が終わればすごく楽しいであろう。乗れるようになればカンタンなのであろう。だが、短時間に二回も転んだこの事実からすると、ちょっとの苦労で乗れるようになるとはとうてい思えない。ウルトラ級の苦労をしなくてはたどり着けない道のように思える。実際、うちの姉はそうであった。

姉は、小学校一年の頃、父ヒロシによる自転車の特訓を受けた。毎日夕方になるとヒロシに連れられて近所の神社や空き地に行き、何度も何度も転んでは起き上がり、手足は傷だらけになっていた。風呂に入る時に「傷が痛い」とつぶやく姿をよく見かけたものである。当時五歳だった私は、ねーちゃんよくやるなァと思っていた。あんなに転ぶのに、どうしてまだやるのだろう、と不思議に思っていたが、彼女は私よりよっぽど自転車に対する情熱があったのであろう。そして根性も。

　姉の苦労を知っていた私は、今の自分にその苦労を乗り越える気力はないと自覚しつつ、先程の二回の転びによるすり傷がジリジリと痛み始めてきたので、一刻も早く家に帰りたい旨を友人に伝えた。

　こうして、一度目の自転車の練習は数分で幕を閉《と》じたのであった。それからしばらくの間、友人は私に自転車の練習を勧めることはなかったし、私も自分から自転車の練習をしたいなどと言わなかったので自転車の練習の事は忘れたまま一年半が過ぎていった。

　そして、もうすぐ四年生になる前の春休み、例の友人が再び「ももちゃん、自転車の練習をした方がいいよ」と言い始めたのであった。私は内心「…ええ…いいよ、それは…」と消極的な気持ちであったが、明らさまにそんなことを言うのも情なさすぎると思い「…うんそうだね…」と、うかないながらもＯＫの返事をしてしまった。

親にその事を話すと、母は「そうだね、そろそろ乗れるようになった方がいいね」と言い、ヒロシも「おう、やれやれ」と賛成していた。誰かが止めてくれりゃすぐに中止するのに、こんな時に限って気の利く者は一人もいやしない。だいたい、姉の時はヒロシがつきっきりでコーチとなって指導したのに、私の時は「おう、やれやれ」の一言で済ますなんて、無責任すぎると思わないのであろうか。どうして「オレが面倒みてやる」と言わないのであろう。所詮《しょせん》次女なんて、適当に転びまくって勝手に乗れるようになりゃしめたもんだとでも思っているのか。手塩《てしお》にかけて育ててもらえる姉がうらやましかった。

練習場所の寺の庭には既に例の友人が待っていた。練習をする私より彼女のほうがやる気がある。例の友人の他に、一級上の近所の友人もいた。ふたりがかりで私の特訓をするつもりなのであろう。

今回は、ふたりで自転車を支《ささ》えてくれると言うので、とりあえず両足を地面から離したとたんに転ぶというようなことはなさそうである。悪い話ではないので、一応やってみることにした。

なるほど、ふたりに支えてもらっていると両足を離しても転ばないものだ。人の力というのは有難い。友人達は、自転車を支えたままゆっくりゆっくり前へと動かして行った。私もペダルを回している。なんか、ちょっといい感じである。このまま友人達が手を離しても大丈夫ではなかろうか？

　私のそんな思いが通じたのか、友人の一人が手を離した。自転車は転ばないで進んでいる。いい調子である。もう一人の友人も、手を離した。あっという間に転び痛みだけが体内を走った。

まだまだ乗れやしないという事がわかった。そう簡単に乗れる物ではないのである。多くの人々が楽々と自転車に乗っているが、自転車人口の数だけ自転車練習のドラマがあるのだ。苦労した人もいれば、たいした苦労もなく乗れた人もいるであろう。苦労しようがしなかろうが、みんな一度は通る道なのだ。

特訓は五日目に及んでいた。もう何回転んだかわからない。途中、私はくじけて「もうやめる。自転車に一生乗れなくてもかまわないから」という弱音《よわね》を吐いたが、ふたりの友人は許してくれなかった。今、この機会に乗れるようにならなくては絶対にダメだというのである。一生乗れなくてかまわないなんて、今はそんなこと言っても大人になったらどんなに恥をかくか考えてみろというのだ。

私に反論の余地《よち》はなかった。友人達の言う通りである。自転車に乗れませんなどという大人はめったにきいたことがない。そんな人に出会ったら、「なんで?」とまず思う。よっぽど何か理由があって乗れないのかと不思議に思うばかりである。乗れなかったから乗らなかったでは理由になるまい。友人達の言う通り、この機会に乗れるようになるべきであろう。

五日目の夕方、突然スッと乗れるようになった。「えっ⁉」と思ったが乗れている。自転車は転ばずに走っていた。友人達の歓声《かんせい》が後方からきこえている。私は乗れるようになったのだ。こんなに急に乗れるようになるとは意外であった。

一度乗れるようになると、友人達の言っていた通り、実にカンタンなものであった。本当に、転ぶ前にペダルをこげば良いのだ。できない時はそんなことできるもんかと思っていたが、できるようになるとなんでこんなことができなかったのかと思う。

私はうれしくて仕方なかった。うれしくてうれしくて、寺の庭をグルグルと何周も何周も回り続けた。ようやく飽きた頃には辺《あた》りはすっかり暗くなり、寺と隣接している墓地《ぼち》の存在を思い出してあわてて帰った。

きょうだいゲンカの話

年が近かったせいで、姉とは年がら年中ケンカをした。取っ組み合いになることもよくあった。たいていの場合は私が姉にイチャモンをつけてケンカを売り、激しくなってきた頃に母が仲裁に入って私が怒られるというパターンであった。

このように書くと、まるで私がケンカ好きのチンピラみたいに思われるかもしれないが決してそういうわけではない。こっちだって別に好きで姉にイチャモンをつけたりするのではない。その都度《つど》、何か理由があったうえでのことだ。その理由がたいした事であろうがなかろうが、〝ちょいと気晴らしに姉にイチャモンでもつけてケンカするか〟などというような無意味なイチャモンは一度もつけた事はない。人間として当然だ。

ケンカの原因の主なものとして、①物品《ぶっぴん》がらみ（食品、金も含む）②ゲームの勝敗がらみ③チャンネル争い④その他（物事の順番争い等）が挙げられる。

まず①の〝物品がらみ〟だが、これは頻度《ひんど》が高いうえにかなりの真剣勝負になる事が多かった。やはり、物がからんでいると始末が悪いのである。取っ組み合いにもつれ込むのもこのケースの特徴だ。

漫画にも描いたが、シーチキンのノートの取り合いなどはこのケースの典型《てんけい》的な例である。我が家に何かいい物がひとつだけ与えられた場合、もうケンカは避けられない。姉も私も自分のものだと言い張る。そしてお互いに「これはアンタのものではない」と言い張る。そう言っているうちに頭にきてどちらかが相手をぶつ。ぶたれた方は「よくもぶったね」と必ずそのセリフを言って叩き返す。叩き返された方はまた叩き返す。それの繰り返しがキリなく行われるなか、どちらかが先に原因の素《もと》になっている品物に手を出し、持ち逃げしようとしたりするから事態はますます悪化する。持ち逃げをしようとした者は、相手に捕まってボコボコになぐられる。なぐり返したくても品物を持っているからなぐり返せない。そうこうしているうちに相手も品物を摑《つか》み出し、品物の引っぱりっこになる。お互いに両手を使えなくなるので、足で蹴《け》りを入れたりする。少しでも力をゆるめたら、品物が相手の手に渡ってしまうから常に全力を出していなくてはならない。両者とも、泣きたいけれど意地で泣けない。最悪の状態である。むこう脛《ずね》を蹴られたりすると、痛みと悔《くや》しさで頭の血管が切れそうになる。このやろう、死んじまえと本気で思う。思うだけでなく、実際に言う。相手も「あんたこそ死ねっ」と憎らしそうに言う。

やがて騒ぎをききつけた母が店先からとんで来る。そして「よしなさいっ」と怒鳴るがそんなこと言われたくらいでやめたためしはない。母の前でも引っぱり合いは続行《ぞっこう》される。言う事をきかない子供達に腹を立てた母は、「ふたりとも大バカだよっ」と怒って、一発ずつ頭を叩くがそれもたいてい効果がない。こっちは先程からもっと激しい叩き合いの修羅場《しゅらば》をくぐっているのである。今さら母の寝呆《ねぼ》けた頭叩きの一発や二発であそうですねなどと引き下がるものか。遂《つい》に母も品物を引っぱり始める。「これを私によこしなさい。もうあんたたちにやらないよ」とか何とか言っているが知ったこっちゃない。さっきからコレの事で命がけの戦いをしているのだから途中で母さんなんかに取られてた

まるものか。私は夢中で母と姉の手に噛《か》みつく。母と姉はギャッと叫んで片方ずつの手を放し、放した方の手で「ばかっ」と言いながら私の頭を叩く。そして母は全力で品物を私達の手からもぎ取り、「こんなもん捨てるよっ。もうボロボロじゃないの。ばかばかしいったらありゃしない。ふたりとも反省しなさいっ」と言って去ろうとする。姉は母を追うような事はしない。もうどうでもいいという感じである。しかし私は泣きながら追いすがる。ボロでも何でもいいからそれをよこせと泣きわめ

く。さっきから、泣きたいのを我慢していた分までこの機会にまとめて泣くから必要以上の大泣きになっている。うるさくて仕方がない。店先まで泣きながら母の後を追うのでみっともないことこの上ない。困惑《こんわく》した母は遂に品物を私によこしながら「あっちに行きな」と言う。このやり方で、八割方の物は私が手に入れた。姉はめったに泣かなかったので、泣き落としというプライドのないやり方をする私のほうが入手率が高かったのである。また、これが食品だった場合は、たいてい私が先に見つけて姉がいない間に食べてしまうか、ケンカになっても途中でひったくって食べてしまう場合が多かった。そんな時はこちらが一方的に悪いので母から厳しく叱られた。

②の〝ゲームの勝敗がらみ〟になると、物品がらみよりも真剣度が薄れる。遊びのうえでの事なので、取っ組み合いまですることはまずない。ただ、勝負ごとというのは頭に血が昇りやすくなっているので、ちょっとした事でも癇《かん》にさわり口論になる。自分が負けそうになっている時などはかなり荒れている。一度、人生ゲームをやっている最中、姉が株で大もうけをし、大金持ちの道を

まっしぐらに進む一方、私は火災にあったりして貧乏人生になり、「面白くないからもう一回やり直しだ」と叫んでゲーム盤をひっくり返してルーレットをほうり投げた為に大ゲンカになったことがある。そんな事をすれば姉だって怒るに決まっている。「もう、アンタとは遊ばないよっ」と何度も絶交宣言された憶《おぼ》えがあるが、二人姉妹なので遊び相手は私しかおらずいつのまにかまた「ゲームでもしようか」という話になるのであった。

③の〝チャンネル争い〟に関しては、わりと少ない方であった。姉妹で観たい番組が一致していたからである。だが、一致しない時は大いにもめた。お互いに自分の観たい番組の方がためになると主張し、相手の番組を罵《ののし》った。そこへ父が野球を観るのだなどと言って割り込んできたらもう大変である。普段は何事にもこだわらないヒロシだが、野球だけはどうしても観たがるのである。別に巨人に縁者《えんじゃ》がいるわけでもないのにやたらと巨人を応援しているのだ。ジャンケンで決めようと言ってもヒロシはきかない。オレが買ったテレビだからオレの観たいものを観ると言う。こう言われると子供の立場は弱くなり、ブツ

ブツ言いながらヒロシと一緒に野球を観るのであった。

④の〝その他〟のケンカというものはいろいろと幅広い。例えば風呂に入る順番などでケンカになったり、人の物を勝手に使ったりしてケンカになったり、天地真理《あまちまり》のモノマネがどっちがうまいかという件に関してケンカになったり、そういったどうでもよい事柄《ことがら》ばかりが素になっている。うっかり姉がいる方向に尻をむけて放屁しようものならもうケンカになる。それが逆でも同じ事だ。自分の気に入っている持ち物にケチをつけられたりした時もケンカになるし、描いた絵をけなされようものなら大乱闘になる。よるとさわるとケンカになるのだ。お互いに近づかなければいいのに家にいるため近づいてしまう。

ケンカの仲裁はいつも母ばかりで、ヒロシは何の役にも立たない。母がヒロシに「ちょっと、あの子らのケンカを止めてよ」と頼んでも、彼は一言「よせよ」と言うだけである。母はそんな父にも腹を立て、ケンカをしている私達にも腹を立て、しまいには何もかもが腹立たしくなり頭痛を起こして寝込むことがよくあった。母が寝込む頃には私達のケンカも収まり、ヒロシなど自分の事で母が腹を立てていた事などとうに忘れ、三人揃って「はて？　何で母さん頭痛になったんだろうね」などと首をかしげる始末である。

「もう、あんたたちの顔も見たくないよ」としばしば母が額を押さえながら言っていたのをきくたびになぜだろうと思っていたが、よく考えてみればごもっともな意見であった。

目覚まし時計を買った話

今でこそ、私は非常に寝起きが良い。起きるのが辛《つら》い朝でも、「んっ」と気合いを入れて起き上がりこぼしのように勢いよく起き上がるよう心がけている。上半身を勢いよく起こした後は、頭を二〜三回横に振れば目は覚めるものだ。人間の体の仕組みはそんなに簡単なものじゃないなどと反論する人もいると思うが、私についてはそれでＯＫなのである。

こんな私も、子供の頃は親も呆《あき》れる程寝起きが悪かった。ちょっとやそっと「起きろ」と言われたくらいで起きるものではない。毎朝、母が三十回以上台所の方から「起きなさいよーっ」と叫んでも起きず、掛けぶとんをひっぺがされて尻をぶたれて「起きなって言ってんのがわかんないのかねっ」と怒鳴られて、遂には敷きぶとんまでひっぺがされて畳《たたみ》の上にほうり出されて転がって、柱の角に頭をぶつけてやっと渋々起き上がる、といった具合であった。

そんなのが我が子だったら相当イヤである。私は自分の子供がそんな調子だったらつきあいきれない。母も相当イヤだったに違いない。実際、母は毎朝ものすごく機嫌が悪かったしイライラしていた。あんたのような子供は将来世の中を渡ってゆけないよということは何回も言われてきたし、起こされなくても起きりゃいいのになどという愚痴《ぐち》は百万回以上きかされた。何べんも何べんもそんなことを言われていると、言われたからって別に何とも思わなくなる。しまいには、ふーんそうか、わたしゃ将来世の中を渡ってゆけないわけね、なるほどね、と納得している始末であった。同じ殺虫剤を何度も使っていると効果がなくなってくるのと同様だ。

たとえ寝起きが悪くても、その後のことが迅速《じんそく》に行われるのならまだよい。サッサと身支度《みじたく》をし、朝食をとり、出掛けてゆくのなら少々の寝坊《ねぼう》くらい許されるかもしれない。しかし、私はグズだった。前の晩に明日の支度《したく》を揃えておくようなことはしていないから、起きた後に瞼《まぶた》を半開きで教科書やノートをランドセルに入れる。寝呆けて支度をするから忘れ物も多くなり、ハンカチやハナガミといった基本的な物までよく忘れていた。

御飯を食べるのも遅かった。うまいんだかまずいんだか知らないが、ノロノロと箸《はし》を動かしグズグズと咀嚼《そしやく》し、時間が無いのに好物の緑茶だけは積極的に自分で入れて、熱いのが冷めるまで待って飲んでいた。その間も母は絶え間なく「遅刻するよ」だの「お茶なんて呑気に飲んでるんじゃないよ」だのとせかし続けている。

やっと御飯を食べ終わると次はトイレに入る。当時の私はトイレの中で神に祈るというけったいな習慣があったため、いったん中に入るとなかなか出てこなかった。何を祈るのかといえば、ああ神様よ、今日も先生に怒られませんように、腹痛が起きませんように、家族が事故にあったりしませんように、パンツのゴムが切れたりしませんように……等、こまかい事柄をいろいろお願いするのである。この習慣は中学生頃まで続いていたが、ある日大変面倒になり、こまかい事柄を全部まとめて「神様、今日もよろしく」とだけ祈ることにした。最初からそれでいけばよかったのである。よろしくとさえ言っておけば、いちいちああだこうだと言わなくても、神様は「よしっ」とわかってくれるに違いない。神様だって、神様というくらいなもんだから馬鹿じゃあるまいし手とり足とり言われなくったって、こっちの希望くらいとっくに御存知《ごぞんじ》であろう。しかし、子供の頃の私はその事に気づかず、トイレで延々と時間を費やしていたのである。

当然トイレの外では母がカンカンに怒っている。彼女は私がトイレ内で祈っている事など知らないため、「いくらがんばったって出ないときゃ出ないんだからあきらめなさい」と排便《はいべん》への忠告をくり返していた。いくら言われてもこちらの目的は排便ではないのだから、ひと通り祈願《きがん》が済むまではトイレから出られない。ここは私の教会なのだ。やな教会だが仕方あるまい。

そんなある日、私は母から「もう起こしてやんないよ。起きたくなかったら起きなきゃいいし、起きなきゃ困るんだったら自分で起きな」と言われてしまった。早い話が、こんなバカには愛想《あいそ》が尽《つ》きたということだ。

起きたくなかったら起きなきゃいい、という母の言葉を真に受けて、私は起きないことにした。よくぞそんな親切なことを言ってくれてありがとうという気分であった。いい気になって寝ている間、夢まで見ていた。今でもその夢のことは覚えているが、私は夢の中で「8時だョ!全員集合」を観ていたのである。♪エンヤーコーラヤッ、から始まって、ドリフのメンバーが探検隊になりジャングルへ行くという定番のコント劇があり、♪チャチャチャチャスッチャカチャッチャッという音と共に舞台が回り、ゲストが唄い始めるあたりで母の「いいかげんにしなっ」という怒鳴り声で目が覚めた。

母は「起こさなけりゃいつまで寝てる気だねっ」と言うので私は「起きたくなけりゃ起きなきゃいいって言われたから、起きないでいただけだよ」と言ったら母は火のついたように怒り、「親をバカにするんじゃないよっ。もう今日は遅刻だよっ。遅刻して行って、先生に怒られて来なさいっ」と怒鳴った。

起きなけりゃいいと言うからには、今日は学校を休んでもいいということかと思っていたので、私はうろたえた。それならそうと初めから言ってくれりゃ起きたのに、今さらどのツラ下げて登校しろというのであろうか。

母が連絡帳に「寝坊のため遅れました」というような事を書いたので、私は先生からも注意されてしまった。厳しい先生だったから非常に怖い思いをした。ぶたれるんじゃないかと、肝が冷えたりしたものだ。

親からも先生からも寝起きの悪さを糾弾《きゅうだん》されると、流石《さすが》の私も少々どうにかしなければいけないな、という気持ちになった。ここはひとつ、目覚まし時計でも買って私の心意気を見せるのが得策《とくさく》ではないか、目覚まし時計などという役に立つ物を自分のおこづかいで買おうという行為は、私が生まれて以来の一番立派な買い物かもしれない。先生も母もこれにて私を見直すに違いない。

家に帰ると母はまだ今朝の事を怒っていた。起きたくなけりゃ起きないでいいと言われて本当に起きないなんて、ふてぶてしいにも程があるというような事を延々言っている。私は母の怒る顔を見ながら冷静に、「お母さん、わたしゃ反省したよ。反省した証拠に目覚まし時計を買うよ。自分のお金でね」と言った。

一瞬にして母の顔から怒りが消えた。「あらっ…」という表情になった。いくら言っても、どうせ反省しないだろうと思っていたのに、やっとこの子もわかってくれたのかという安堵《あんど》の表情がうかがえる。

私としては、自分のこづかいで目覚まし時計を買うなんて、本音《ほんね》をいえば辛い事なのである。そんな面白くもない物よりも、もっと他の面白い物を買った方がうれしいに決まっている。だが、今回はそのくらいの痛手を負《お》わなければ、先生や母からの信頼が挽回《ばんかい》できそうにないために仕方なくそうするのである。先生も母も、この件に関して私をほめてくれなければ、私は大枚《たいまい》をはたく意味がないのだからどしどしほめてほしい。

母は、私の〝目覚まし購入宣言〟をきいて怒りは消えたものの、まだほめる域《いき》にまでは達していなかった。自分の寝坊を反省したのならまァよかったけれど…という感じである。なかなか手ごわい。しかし、私が実際に目覚まし時計を買ってきて彼女の前で見せたあかつきには、いくら何でもきっとほめてくれるであろう。

私は父ヒロシを誘って一緒に近所の時計屋へ行った。私の貯金箱には九百円しかなかったため、もしも足りない時にはヒロシに協力してもらおうという算《さん》段《だん》である。そんな私の算段も知らずに、ヒロシは「へー、ももこが目覚まし時計を買うのか。えれぇなァ」と感心しながらついてきた。ヒロシはわりと容易《たやす》く〝すげーなァ〟とか〝えれぇなァ〟と言うので、彼にほめられたからといってうかれてはいけない。たいした価値はないのである。

時計屋にはいろいろな時計があったが、一番安い物でも千三百円であった。私には選ぶ余地がない。迷わずそれにし、ヒロシに四百円足してもらった。

家に帰り、時計を母に見せた。どうです、これが私の心意気を形で現したものですよと言わんばかりに見せつけてやった。しかし母はまだほめてはくれなかった。「まァ、時計を買ったのはいいけれど、三日坊主で終わらないようにね」という厳しい意見であった。

私は目覚まし時計を買った事を、その日の日記にも書いた。この件に関しては、先生にもちゃんと伝えてほめてもらわなくてはならないのである。そうしなくては九百円のもとがとれないからだ。ヒロシの足した四百円も浮かばれない。私が何のために目覚まし時計を買ったのかといえば、母と先生からほめられること以外に意味はないのだ。

翌朝、買ったばかりの目覚ましのベルの音が私の枕元で鳴り響いた。かなりの音量である。こんなに鳴られては起きないわけにはゆくまい。

早起きをした私の姿を見て、母は「ま、昨日買って今日起きるのは当たり前でしょうね」と言った。しぶとい女である。そろそろ少しくらいほめたってよさそうなものではないか。私は今までものすごく起きない子供だったのだ。尻をぶたれて転がって柱の角で頭をぶつけなけりゃ起きなかった子供が、今や自らの意志で貯金をはたいて目覚まし時計を買い、しかもこの朝ちゃんとその時計を利用してこうして早起きしたという事実に、少しの賞賛《しょうさん》の声も寄せないとはどういうことか。

こうなったら先生にほめてもらうしかない。この日記に書かれている真実を知れば、きっと先生はほめてくれるであろう。いや、何としてでもほめてもらわなくてはなるまい。これでほめてもらえなければ、わたしゃただのすっとこどっこいではないか。

学校に着き日記を提出し、その日一日先生から何か言われるのではないかと心密《ひそ》かに期待していた。すれちがいざまに「さくら、目覚まし時計を買ったんだってな。いいぞ、その調子でがんばれよ」と肩のひとつも叩かれるんじゃないか、そんな思いでいっぱいであった。

しかし、特に何もほめられる事なく一日は過ぎ去り、帰りに日記帳が戻ってきた。ドキドキしながら〝先生からの一言〟という欄を開いてみると「目覚まし時計を買ったんだね。これから遅刻をしないように」と書かれていた。その文章には、何の賞賛《しょうさん》の意《い》もなく、あるのは〝目覚まし時計を買った〟という事実の確認と、今後の指示だけであった。

全く面白くない気分であった。私は〝目覚まし時計を買った〟という件に関してほめてほしかったのである。今後早起きできるかどうかなど、このさいどうでもいいのである。

買って二日目にして、目覚まし時計は無用の長物《ちょうぶつ》になった。もともと本気で利用しようと思って買ったわけでもなかったので、今となってはベルの音をき

くのもわずらわしい。
　私が使用しなくなった後、いつのまにかヒロシが利用するようになっていた。彼はあの時計に四百円出資しているから、私の次に利用する権利がある人物だ。出資者として大いに活用するがよい。
　その後のヒロシの活用ぶりには目をみはるものがあった。ヒロシは毎朝市場へ行くために欠かさず利用していたし、休日には釣りに行くために利用していた。毎日毎日利用しない日がない程利用しまくり、なんと十五年以上利用したのである。たった四百円の出資で、こんなに活用したのなら、私がもとを取れなかった分まで彼の肥《こ》やしになったであろう。

ちなみに私の寝坊はそれから約十年余り続いたのち、上京して一人暮らしを始めたとたんに治った。誰かが起こしてくれるだろうと、人に頼っているうちは治るものではない。初めに書いたとおり、今日も私は起き上がりこぼしのように「えいっ」と勢いよく起き上がって二〜三回頭を振って目覚めているのである。

家庭訪問の思い出

わざわざ家庭にまで来ることないんじゃないか。私はいつもそう思っていた。先生が家に来るというだけで、もう大変なのである。とにかく掃除《そうじ》をする。しなくてはならない。

私など、机の上を片づける作業だけでも泣きたくなるほど大変なのであった。メチャクチャに何かが積まれているその机上を片づけるなんてとてもムリだ。見ただけで吐き気がする。どこから手をつけりゃいいのかわからない。できることなら一生見ぬふりをして放っておきたい気持ちでいっぱいだ。

もちろん机の上はほんの一部にすぎない。見渡せば、部屋中がちらかりの大パノラマになっている。どこを見ても何だかよくわからない物ばかりで埋まっている。何だかよくわからない物ばかりなら、このさい全部まとめてバ――ッと捨ててしまえばよいではないかと思われるかもしれないが、ひとつひとつ手に取ってみると捨てるわけにもいかない物ばかりなのである。例《たと》えば、いつか

使うかもしれないピアニカの長いチューブとか、まだ使うことがあるかもしれないビニールポーチとか、ほんの少しだけ残っているハンドクリームの容器とか、そういうたいした物じゃないけど捨てるのも何《なん》だなァ、という物がちらかりの素になっているのである。

だから片づかない。片づけろと言われても今の状態がベストなのだ。これを片づけてしまったら、いつか使う時がきた際に、どこへしまったのやらさっぱりわからなくなるであろう。このままにすべきだ。

そう思い、母にその旨を伝えたが「ばかなこと言ってんじゃないよ」と一喝されて終わった。母は怒りながら障子《しょうじ》を張りかえつつ、「先生が来るんだよ、アンタの部屋も見るんだよ、あんなにちらかってたら、親までだらしがないと思われるじゃないの。自分でちらかしたんだから、自分で片づけなさいっ」と言った。自分でちらかしたのは確かなのだがどういうわけだか片づけるほうは自分でできないのである。ちらかすのは自分でできるのだ。片づけというのは、その逆をやればいいのだと思うが、不思議なことにそれはできない。きれいに包装《ほうそう》された物を開けるのは簡単だが、元通りに包み直すのが難しいのと同じである。

私は「そんなにだらしがないと思われたくなかったら、先生に『だらしがないのは子供だけで、私はそんなもんじゃありません』って言やいいじゃん」と言ったら母は「あんたは先生にだらしがないって思われてもいいのかねっ」と問うので「別にいいもん。本当にだらしがないんだから見栄をはっても仕方がないよ」と言うと、遂《つい》に母はヒスを起こし「もうアンタなんかに言っても腹が立つばっかりだから、わたしゃ捨てるよっ。アンタの部屋のモン、全部捨ててやるっ」と怒鳴った。

それは困る。絶対困るのだ。私の部屋の物は先程《さきほど》述べた通り、捨てる程ではない物でいっぱいなのだ。捨ててよければとっくに自分で捨てている。

私は慌《あわ》てて母にとりすがり、どうか捨てるのだけはおやめ下さいなどと言って彼女の怒りを静めようとした。しかし母の怒りは収まらず、「だめだよっ。私がやらなきゃいつまでたっても片づきゃしない。もう、アンタなんて信用できないから私がやるっ」と言って人の話をききやしない。私は泣き騒ぎ、部屋に向かおうとする母のふくらはぎあたりを両手で摑み、「お願いです、お願いです、捨てるのだけは勘弁《かんべん》して下さい」と懇願《こんがん》し続けた。年貢《ねんぐ》を納められなかった村人が、代わりに娘を連れていかれそうになっているのを止めようとして役人の足にとりすがって泣いているあの状況である。そんなことをしても、どうせ村人は役人に「ええいっうるさい」と言われて蹴られてひっくり返って場面が変わるのだ。私もそれとだいたい同じ経路《けいろ》をたどり場面は子供部屋へ移っていった。

子供部屋へやってきた母は、手あたり次第に物の区分けを始めていった。本や日用品などは〝とっておく〟の方に分けられ、お菓子のオマケやシールなどは〝捨てる〟の方に分けられている。私の意見など少しもきく気配《けはい》はなく、どんどん独断《どくだん》でやっている。こうもテキパキやられると、今まで捨てないで一応とっておいた物など全然どうでもいいように思えてくる。いつか使うかもしれない物なんて、結局いつになっても使わずにホコリまみれになるだけだ。それならホコリにまみれる前に捨てりゃいいではないか。ホコリにまみれるだけ、まみれ損というものだ。

そんな考え方になってくると、今度は母がとっておこうとする物すら捨てりゃいいのにと思ってしまう。母が半分くらい入っている目薬を〝とっておく〟のほうに分けたので、私が「それ捨てなよ。また新しいのを買えばいいじゃん」と言うと、母は「何でも新しいのを買えばいいってもんじゃないよっ。使える物は大事に使わなきゃいけない」などと反論してくる。さっきは「全部捨てやる」と豪語《ごうご》していたこの女が、残り半分の目薬を後生大事《ごしょうだいじ》にとっておくというのだから開いた口がふさがらない。しかしここで「お母さん、全部捨てるって言ったのはアンタなのに、つまんない物《モン》をとっておくんじゃないよ」などと言おうものなら、ホントに全部捨てられてしまうといけないので黙っていることにする。

　こうして母による区分けにて、ちらかり具合は$\frac{1}{3}$ぐらいになった。つまり、$\frac{2}{3}$は捨てられたのである。だが別に悲しみは無かった。あんなに〝捨てられない物ばかり〟と思っていたが、いざ捨ててみると実にスッキリした気分だ。必要のない物を、何だか〝いるかもしれない〟という気になってとっておくのは、キツネに化かされているのと同じである。捨ててみればハッと目が覚め、「なんだ、いらないじゃん」と思うものなのに、とっておくといつまで経ってもいらないことに気づかないのである。

「あとは自分でやんなよ」と言い残して母は去った。障子の張りかえの途中だったから続きをやるのであろう。

私に残された問題はただひとつ、$\frac{1}{3}$に減った物をどうするかという事である。この問題は物が減る前と根本的には変わりなく、〝部屋にある物をどうするか〟という点に尽きる。$\frac{1}{3}$に減ったとは言っても、$\frac{1}{3}$はあるのだ。しかもその$\frac{1}{3}$がけっこう多かった場合、まだまだ子供の手には負えない。ひとり部屋に残されても、何となく虚《うつ》ろな感じで室内をブラブラしているだけである。そんな様子で二時間や三時間あっという間に経過する。

だから当然、障子を張り終えた母が子供部屋に来てみても、去った時と全く同じ状態が保《たも》たれている。母は「あたしゃ情ないよ」と決まり文句をつぶやく。この決まり文句が、将来その情ない娘の描く漫画にたびたび使用されることも知らずに連発する。

散々ブツブツ言いながら、結局は母が全部片づける事になるのだ。最終的にはそうなることは大体わかっているのだから、最初からヒスを起こしたりせずに黙ってやってくれればよいのである。怒った分、エネルギーが消耗《しょうもう》され、損なのだ。怒りのエネルギーというのは、相当カロリーを使う。怒ったあとでお腹がすいたなどと言ってバカ食いをし、それで「あーあ、また太っちゃう」などと言っているから母親というものはくだらないのである。怒りさえしなければエネルギーも使わず、食料も減らず、太らず、いい事ずくめだということに、長年よく気づかずにいられるものだと感心する。

夜中になっても母はまだ片づけているので私は先に寝ることにした。姉やヒロシはもうとっくに眠っている。床《とこ》に就《つ》くと、新しい畳の匂いが静かに鼻腔《びこう》に流れ込んでくる。畳まで替えたのだ。先生が来るというだけで。正月が来る時でさえ畳は替えたりしないのに、先生は正月よりも偉いのだろうか。どっちが偉くても別にいいが、それに振り回されるのはごめんである。振り回されている母の足音をききながら、私はゆっくり眠りに落ちていった。

いよいよ先生が来る当日、家に帰ると和室の床の間には花が活《い》けられ、古びた座卓《ざたく》と紫色の座ぶとんが置かれていた。田舎の安宿の一室というムードである。台所をのぞけば、ガラス容器に形の良いイチゴが五~六個盛られている。あのイチゴは今朝ヒロシが上等のやつを選んで仕入れてきたのであろう。店先では、母が果物《くだもの》の缶詰めとバナナを包装紙で包んでいる。あれは先生にお土産に持たせる物なのだ。もっとハイカラな物をあげればいいのに、八百屋のお土産というものはがさばるうえに野暮ったくていけない。

私は改めて自分の部屋に行ってみた。昨晩母が苦労して片づけたおかげで、かなり快適そうな子供部屋になっていた。全然見ない百科事典が全巻あるのも今ならこの部屋にふさわしい。まるで賢い子供の部屋のようだ。こんなキチンとした部屋を使用している子供なら、毎日規則正しく予習復習をやり、夕飯には野菜スープと肉の焼いたやつなどを食べ、家族と少し談笑《だんしょう》をした後、風呂に入ってすみやかに眠るのであろう。そして朝は早起きをし、遅刻などという愚《おろ》かしい行為とは縁がなく、学力優秀で人望も厚いのである。もちろん、親から怒られる事などない。私とは、どこをとっても異質な子供の部屋である。

明らかに急激に片づけたとバレる気がする。日常とは違う、とってつけたような空気が充満《じゅうまん》している。机の上がきれいなのもわざとらしい。だが机の引き出しを開けてみると、昨日捨てなかった小物類がゴチャゴチャと入っていた。

パンダの貯金箱やゴムボールや、紙せっけんや半分使った目薬もあった。こまかい物を母が適当にこの引き出しの中に入れたのだ。ちらかっていた昨日までの子供部屋のミニチュア版という感じである。一見きれいに見えるこの部屋も、引き出しを開ければこんなもんである。所詮茶番にすぎないのだ。

先生が来る時間が近づくにつれ、私は憂鬱になっていった。どうせ母は先生に、ももこはちっとも勉強もせずに手伝いをするわけでもなく怠けてばっかりというような事を話すであろう。遅刻ギリギリに登校するのは朝のトイレが長いせいだという余計《よけい》な事まで言うかもしれない。先生は先生で、ももこさんは学校では特に目立つ活躍もない生徒だからもっと奮起《ふんき》を望むところだというような事を母に告げるであろう。そして私は先生が去った後に母から「アンタしっかりしなきゃだめだよ」などと言われるのが関の山である。

そんなつまらない情報を交換するために畳まで替える必要があるだろうか。

「あーあ…」という気分である。

やがて先生はやって来た。母は先生をあの安宿のような和室に招き入れ、ヒロシの仕入れたイチゴを運んで私についての話を始めた。ふすまの向こうから、先生と母の声がきこえてくる。時折《ときおり》両者の笑い声もきこえる。私についての話なのに、何をそんなに笑うのか。気になるところである。笑い声がきこえればきこえたで気になるし、静まれば静まったで気になる。自分の事というのは何かにつけ気になるものである。

十五分余りで話は終わったらしく、先生と母が子供部屋にやってきた。先生は、入ってくるなり「お、きれいに片づいているなァ。普段はもっとちらかっているだろう？」と一番痛いところを突き、私と母は赤面《せきめん》した。だからバレるようなことはしない方がいいのだ。先生は私の机の上を見て「お、机の上もきれいになっているね。だけど引き出しの中はどうかな」と言って引き出しを開けた。

万事休す。もうおしまいである。ゴチャゴチャな引き出しの中を見た先生はプッと吹き出し、私と母はますます赤面した。脳天にマグマが上昇してゆくような熱さを感じた。うつむいて黙って赤面している間も、新しい畳の匂いが漂ってきてやるせない。

先生がお土産を持って去った後、母は私に「アンタ、もっとしっかりしなきゃだめじゃないの」と、予想通りの小言《こごと》を言った。私は母の小言を「はいはい」と軽くきき流し、外へ遊びに行こうと思って店先に出た。

店ではヒロシがタバコを吸いながら新聞を読んでいた。典型的な昼間のヒロシの様子である。私が「お父さん、遊びに行くから三十円ちょうだい」と言うと、ヒロシは「おう」と言って銭箱から三十円取り出すと私によこしながら「ももこっちのクラスの先生、三十五歳のわりには少し老《ふ》けてんな」と言った。ヒロシにとって今日の家庭訪問は、イチゴを仕入れてきた事と、三十五歳の老け気味《ぎみ》の男を見たというだけの出来事にすぎなかったのだ。

道に迷ったときのこと

私はとかく方向音痴《おんち》な方である。一回で道を憶えるような事はまずない。よっぽどの馬鹿でも憶えられるようなものすごく単純な一本道で、一生忘れられないような強い印象の目印でもある場所ならば、多少の不安はあるもののどうにか正しく憶える事もあるがそんな事はたまにしかない。いや、そんな場合ですら間違っている事もよくある。つまり、よっぽどの馬鹿でも憶えられる場所さえも間違えるほどの大馬鹿者なのだ。この件に関しては何人もの友人・知人にあきれられている。昔の事になるが、例のたまちゃんの家に三度も行ったあとに「ねえ、あんたの家ってどこだっけ？」と尋ねて愛想を尽かされた。三度も自宅に招いてまだ憶えられない者が友人だったらと考えれば、愛想が尽きる気持ちもわかる。しかもその道順というのが、駅からだいたい一本道だったから尚更の事だ。

そんな状態の自分であるにもかかわらず、馬鹿というものは手に負えないことに間違ったままの記憶をけっこう自信満々に正確に憶えている気になっているのである。本人は自信があるから行けると思ってどんどん進んでゆく。連れの者が「…あれ？　ちょっと違うんじゃないの？」などといぶかし気な顔でつぶやいていようが別に気にもとめずに進む。タクシーに乗っている時なども自信満々に「そこを曲がって下さい」などとキッパリ言い放ち、知らず知らずに目的地からかなり離れた所でようやくハッとする。いくら馬鹿でもなかなか目的地にたどり着かなければやっと間違いに気がつくという次第《しだい》。一人で迷った時は馬鹿本人のみが「あれれ？」とか何とか言いながら、首をかしげて目玉を白黒させてりゃいいが、人を巻き込んで迷った時には一同全員に同じように目玉白黒をさせなくてはならないために非常に申し訳がない。

こんな私も、〝巻き込まれる側〟になって道に迷った思い出がある。小さな巻き込まれならばよくある事だから特に憶えていないのだが、それは大きな巻き込まれ方だったのでこのようにここに記すほどに憶えている。

小学校三年の冬休みの事だ。その日、私は担任の先生の家へ遊びに行くことになっていた。私の他に、クラスメイトの友人二名と、そのうち一人の友人の母親が一緒に行くメンバーとなっていた。

正直言って、その母親の子供とは、別に親しいわけでも何でもなかった。クラスメイトとはいうものの、ホントにただクラスが同じというだけで全く仲良くもなかったし、別に仲が悪かったわけでもないが、仲が悪くなるきっかけもないほどに接点がない子だったのである。一応、朝のゲタ箱あたりでバッタリ会えば「おはよう」とぐらいは言う関係ではあったものの、そんな事ぐらいオウムでも言うので親しさとは関係がない。そのような間柄《あいだがら》の彼女とその母親と、一体どうして担任の家に遊びになど行くことになったのかはよく憶えていない。肝心《かんじん》な事かもしれないが、忘れてしまったので許してほしい。ちなみにもう一人の友人とは仲が良かった。こちらの友人は、時々まる子の漫画にも登場するカヨちゃんという子供である。余談《よだん》だが、カヨちゃんとは今も親しい。

親しくない友人とその母親が一緒に行くというのは、あまり愉快な気分ではなかったがカヨちゃんがいるからまァいいやと思っていた。親しくない者二名は親子だからたぶんずっとふたりで電車やバスに乗るコンビを組むであろう。そしたら私とカヨちゃんは、何の気兼《きが》ねもせずにずっとふたりで道中を楽しく進んでゆけるというわけだ。それなら別に親しくない者がいても問題ない。ましてや、親しくない者二名のうちの一名は大人なのだから、遠い担任の家に行くためには絶対必要な存在である。あの親しくない大人がいればこそこうしてカヨちゃんと楽しく行ける自分があるのだ。有難く思わなければバチが当たるであろう。

　私もカヨちゃんも、そして他一名の友人も当然その大人を信用していた。電車に乗ろうが、バスに乗ろうが、この人についてゆきさえすれば、何のトラブルも起こらずに自動的に担任の自宅まで着くであろうと思っていた。子供じゃあるまいし、まさか大人が道に迷うとは思ってもいなかったのである。大人だって迷うものだということは、今なら身をもって承知している。だが、当時はそんなこと思ってもいなかったのだ。大人はみんな正しい事を知っていて、特にバスや電車やその他乗り物関係などは、お茶の子さいさいで乗り継いでゆけるものだと思っていた。すごいなぁ、大人はどうしてあんなにいっぱいあるバスや電車のどれに乗ればいいのかがわかっているんだろう。大人ってえらいなあ。と、ちょくちょく大人を漠然《ばくぜん》と絶賛《ぜっさん》していた覚えがある。私だけでなく、他の子供達が大人を絶賛している声もよくきいた。単に大人だというだけで子供はすごいなァと思っているのである。かつての自分はそう思っていた事を思い出すと、三十を過ぎてもまだおっちょこちょいなこの我が身に「しっかりせえ」と一喝しなければとも思うが、一喝するのも自分なのだから全く効果がみられずこのままでいる。

話は戻るが、担任の自宅へ行く道を奴《やつ》は間違ったのである。奴というのは言わずと知れた親しくないクラスメイトの母親だ。まず電車に乗ってそのまま新静岡駅に行ったところまでは良かった。清水市と静岡市を結ぶ私鉄というのは単線なので、むこうに行くかこっちに来るかしかないのだからこれを間違えたら笑い者だ。だからそれに乗って中間地点の新静岡駅に行けたのは当然といえよう。

そこからバスがいくつか出ている。ここで早々と奴は間違えたのである。バスの行き先の地名を見て、私は内心チラリと「…あれ？　違うんじゃないかな？」と思ったのだ。この不安は、巻きぞえにあう側がよく抱《いだ》くものであり、通常の場合は私が他人に抱かせる類のものである。しかし、今回は道先案内は自分ではなくクラスメイトの母親だ。親しくはないとはいえ、大人の判断に口出しはすまいと思い黙っていた。カヨちゃんも素直に奴に従っている。奴の娘も同様だ。

こうして素直な子供達三人組を従えた奴は、自信満々にバスに乗り込み、そのままどんどん進んで行ったのである。今思えば、馬鹿特有の迷い方だったのだが当時の私はその馬鹿に頼るしかなかったのだから子供というのは情ない。

バスはまっしぐらに知らない場所に進んで行った。バスの窓から見える風景は、何か山を削って岩を運ぶトラックが行き交っていたり、人気《ひとけ》のない荒れ地だったり、およそ担任はどこを探しても住んでいなさそうな場所であった。

バスが走り出してから四十分余り経った頃、とうとう私は不安をこらえきれずに奴に尋ねた。「…あの、このバス、本当に着くのかな…何か違う気がするんだけど」と。すると奴は平気な顔で「これでいいんだよ」と言い返してきた。子供が大人の自分に何を言うか、といわんばかりの表情である。ちょっとマントヒヒにも似ていたと思う。そんな彼女にこれ以上逆《さか》らえるものか。私は黙って席に着いた。カヨちゃんも黙っていた。奴の娘も黙っている。私とカヨちゃんは奴の身内ではないから黙っているしかないのだが、奴の娘は母親に何とか言ってもよさそうなものではないか。私が奴の娘だったら「ちょっとお母さん、コレ、ぜったい違うよ。運転手さんにきいてみようよオ」と言う。母と子なら、そのくらい気軽に言える間柄なはずだ。なのに、なんでこの娘は言わないのか。あんた、このバスの進む方向を見ていてどう思ってるのかね？　本気で担任の自宅に着くと思ってるわけ？

　私の心中のイラつきも知らず、奴の娘は一向に母親に言い出す気配はなかった。唯一、奴に向かって忌憚《きたん》なく間違いを指摘できるのは娘しかいなかったのに、その娘が気の利《き》かないタイプだったから仕方あるまい。我々に残された道はただひとつ、〝見当違いな場所に行ってしまう〟ということだ。嫌な道だが奴の支配下にある以上避けられない道なのだ。

そしてバスは予想通りの見知らぬ土地で終点となった。何もない場所だ。もちろん担任の自宅などあるはずない。店屋もない、トイレもない、人もいない、ないないづくしでどうしようもない。本来なら、今ごろ担任の自宅で担任の妻の手料理かてんやものか知らぬが何か温かい物のひとつでも呑気《のんき》に食べているところである。それなのに現実の私は吹きっさらしの荒れ地で腹ぺこのままたたずんでいる。一刻も早くこの状況から脱出したい気持ちでいっぱいである。

奴は「変だねえ…」とつぶやいて首をかしげている。何ひとつ変なことはない。あのバスに乗ればここへ着くのだ。変なのはキミひとりで他は変ではないよ、と言ってやりたいが子供には言えない。ぐずぐずしていたら、今乗ってきたバスが行ってしまうから引き返す事もできなくなってしまうではないか。馬鹿が自分ひとりでどうにかしようなどと思わぬ方が良い。今はあのバスの運転手に手段をきくのが一番賢明《けんめい》である。私はそう思っていた。なのに奴はきこうとしない。いつまでもマントヒヒのような顔をしきりにかしげている。どんなにかしげたってその顔からは名案が出てくるはずがない。

見るに見かねたバスの運転手が遂に車から降りてきて声をかけてくれた。かなり親切な人である。マントヒヒの奴は親切な運転手の話をフムフムときき、こんな事になったのは自分の単純ミスであったことをやっと悟った。

私達は運転手の指示に従いバスに乗り、もと来た道を引き返して行った。窓の外は、行く時に見かけて不安を感じたブルドーザーやら削《けず》られた岩が次々と逆の順番で通りすぎていった。

間違えて進んで行った時間と同じ時間をかけてようやくバスはもとのバス乗り場にたどり着いた。ここから改めて正しいバスに乗って担任の住む町まで行かなくてはならない。そんなことまでして担任の自宅に行くこともないような気分である。冬休みが明ければどうせ会える担任に、今わざわざ会いに行く必要はどこにもない。もう一度バスに乗って遠くまで揺られなくてはならないなんて、考えただけで酔いそうだ。

私は電車に乗って家に帰りたいと思っていた。たぶんカヨちゃんもその意見に賛成だろう。だが奴と奴の娘の気持ちはわからない。それもひとえに奴らとは親しくなかったからである。

私達は再びバスに乗った。今度こそ正しいバスである事は確かだ。バスの行き先の表示も私の記憶と一致する地名であったし、何より先ほどの親切な運転手の指示通りに乗りかえたから間違いない。

四十分余りバスに揺られ、担任の住む町に到着した。合計するとバスに乗っていた時間は二時間半余りとなる。高速にのれば静岡から東京へ行ける時間を費やした事になる。だがここは東京ではなく静岡市内だ。面白くも何ともない。

バスから降りたら徒歩《とほ》となる。約十五分歩かなければ担任の家には着かないようだ。担任の描いた地図は奴が持っている。スタート地点から心配だ。またここへ戻ってきて一から出直しになるくらいなら、ここで足踏みでもしていた方がまだ労力の節約になる。

我々はゆるやかな坂道を登り始めた。この坂道はゆるやかだが長く長く続いている。長い坂道というものは、ゆるやかだろうがおかまいなしに足が疲れてくる。もしも間違えて戻るような事になったらこの足の筋肉が可哀相《かわいそう》である。なんとか正しい道を進んで無事に担任の自宅へ着く事を祈る。

ふいに奴が「こっちへ曲がった方が近道だと思う」と提案した。地図には示されていない道を発見したようである。たいてい、地図に示されていない道というものは、行き止まりになっていたりするから地図を描いた人が無視して描かなかったりする場合が多い。おそらく担任も、その道を無視して描いたのであろう。だからその道は地図をうけ取った我々も無視すべきなのである。それなのに奴はその道を進んで行こうと言うのだ。

私はやめた方がいいと思っていた。しかしはりきっている奴を誰が止《と》められよう。奴の娘が止めない限り、残る私とカヨちゃんには奴を止める力はない。

我々は、黙って地図に描かれていない道を進んで行く事になった。

着いた先は神社であった。神社で行き止まりになっていた。やはり行き止ま

もうすぐだよっ
もうすぐだよじゃないよ…トホホ

なぜか竹やぶの崖を越えることになった図

りだった為、地図には描かれていなかったのである。奴は「あら、神社だよ」と見ればわかる事をつぶやき、もう一度地図を広げて見た。神社のまわりは竹やぶの崖《がけ》になっており、その上にはまた道がつながっている。まさか、この崖を越えて上の道に出ようなどと言い出すんではないだろうか、と思っていた矢先、奴はその通りの事を言った。「この崖を越えて上の道に出よう」

　私達は竹やぶの崖を越える事になった。小さい崖ではあったものの、サバイバル感は充分にあった。冬休みに、親しくもない親子を交えて私とカヨちゃんは何をしているのであろうか。私の両親も、まさか今自分の娘が竹やぶの崖を越えようとしているなどとは夢にも思っていないだろう。カヨちゃんの親も同様だ。この三人の子供の親で、今こんな状況だという事を御存知なのは奴だけだ。

竹やぶを越えたら担任の家がすぐにあった。奴はどうだと言わんばかりに得意《とくいげ》気《》な顔をしていた。確かに距離は近かったかもしれない。だが、竹やぶを越える苦労を思えば若干《じゃっかん》の遠回りなど何でもない。奴に得意気な顔をされる筋合いはないと私は言いたい。そもそも奴はバスで大間違いという罪を犯しているのだから、今になって相当な手柄《てがら》を立てたとしても得意になる立場ではないのである。それなのに無茶苦茶な崖越《がけご》えによる多少の近道を探り当てたことくらいでどうだという顔をされてもこっちだって、オバサンすごいねなどと言うもんか。

担任は、約束の時刻より三時間も遅れて来た我々を心配して待っていた。当然であろう。あと一時間遅れでもしたら捜索《そうさく》願いが出されていたところだ。やっと着いた頃には夕暮れの気配が漂っており、もうそろそろ帰る時刻になっていた。我々は、担任の妻が作ったラーメンをごちそうになり、すぐに帰る事にした。帰り際に、担任の飼っている二匹の犬に吠えられた。まァ、俗に言う、とんだ一日であったという話だ。

物をなくす

部屋がちらかっていると物がよくなくなる。捨てた覚えはないのだから、どこかにあるはずだと気休めを言いながら探すのだが見つからない。初めのうちはすぐに見つかるだろうと思って鼻歌まじりで探したりしているが、だんだん不安になってくる。一時間も探してまだ見つからないとかなり深刻になる。「あれ？　あれ？　おかしいな、どこだろ？」といった独り言《ひとごと》も疑問形の文体になり、とうとう本当に誰かに尋ねることになる。きかれたほうだって持ち主がさんざん探しても見つからないような物のありかを知るはずがない。それでたいがい「さあ、見たことないね」という返事がかえってくる。それをきいて探しているほうはますます不安になる。一体どこにいってしまったのか。捨てた覚えはないけれど、もしかしたらまちがって捨ててしまったのかもしれないから一応ゴミ箱も見てみよう、という事になり、ゴミ箱をひっくり返してみるがない。やっぱりね、捨てた覚えはなかったんだよなどとブツブツ言いながら虚しくゴミをゴミ箱に戻したあたりで泣けてくる。座り込んで頭をかかえ「ああ〜っ、どこにいったんだよぅ」という調子で失《う》せ物《もの》にむかって居所《いどころ》を問うが相手は物なので返事はない。ひと通り涙を流して絶望に打ちひしがれ、涙をふいて気を取り戻して腰を上げたとたんに「あ、そういえばあそこに置いたんだった!!」と思い出して実に簡単な場所から見つかったりする。うっかり者やだらしのない者はそのようにして時間を無駄に使うのだ。物を失くさなければ探さなくてよいのだから、〝探す時間〟などというくだらない時間を有効に使えるのである。ちょくちょく物を失《な》くしている者は、人生の貴重な時間をかなり無駄にしている事になる。あてはまる人は、コレを読んだ機会に反省して心を入れかえた方がよい。

　更に失くし物の話をすすめるが、自分の物を失くした場合と他人の物を失くした場合では深刻《しんこく》さが違ってくる。自分の物の場合は最終的には泣いて済むのである。大切な物だとかなり辛いが、それでもわぁぁんと泣けば済む。悲しみがそのうち諦《あきら》めに変わり、仕方がないや残念だけど、という気持ちになって自分自身で決着がつく。
だが、他人の物をなくした場合は泣いて済まされる事ではない。弁償《べんしょう》のきくものだったらまだよいが、売ってない物や弁償できない金額の物だったら事態はかなり深刻になる。泣くヒマがあったら探す時間に充《あ》てた方がよい。見つからないから諦めようなどと言っていられない。見つからなければ困るのだ。どうしても見つけねばならない。相手に正直に話せば許してくれるかもしれないが、信用は確実に失うであろう。貸した物を失くす奴なんて、信用できないなァと相手に思われてしまう。だから、信用を失わないためにも見つけなくてはならない。

ましてや、高価なうえに一点物《いってんもの》で、謝っても許してもらえそうもない物を失くしてしまったらどうか。そこまで大変な事になった経験はないと言う人も多いであろう。私も、そこまで大変な事になった経験は今までに一度しかない。

母の大事にしていたオパールの指輪を失くしたのである。小学校二年の時の事だ。そのオパールは、母が娘時代に三万円くらい（当時の母にしてみれば高価な買い物だったらしいが）で購入した物だが、けっこう質が良かったらしく、数年経《へ》た後《あと》に鑑定《かんてい》してもらったところ百万円くらいの価値になっているという事が判明した。母が喜んだ事は言うまでもない。あの時に思い切ってもう一個買っておけばよかったとすら言っていた。鑑定してもらう前は、鏡台《きょうだい》の引き出しに気軽に入れていたのに、百万円ときいてからは洋服ダンスの〝大事な物入れ〟用の引き出しに移していた。

それまで別に見たくもなかったが、百万円ときくと急に子供心にも興味が湧いた。何しろ家には他に百万円もする物などどこを探しても見当たらない。一番高くてテレビだろう。いや冷蔵庫かもしれないが、どちらにしてもまだまだ安い。私は母に「見せて」と頼むと彼女もまんざらでもなさそうな様子でそそくさと洋服ダンスの引き出しをあけた。

じっくり見ると良いものである。それまではオパールなんてネパールと区別がつかなかったが全然違うことに気づいた。オパールはコレでネパールは国である。オパールは見れば見るほど味がある物で、半透明の白色の中にキラリキラリと黄緑やオレンジや銀色などが輝いている。角度をかえて見るとまた違った輝きが現れ、電気の光にすかして見るとこれがまた美しい。

私はすっかりオパールの虜《とりこ》になってしまった。こんなに美しい物が今まで鏡台の中に転がっていたなんて信じられない。私は無理を承知で一応「お母さん、これちょうだい」と言ってみたがやはり無理であった。母は「私が死んだら形《かた》見《み》にやるけど、それまではあげないよ」と言ったので私は「それならその時はぜひ私にちょうだい」と言った。すると、それをそばできいていた姉が即座に「ちょっと待ちなよ、私だってそれ欲しいんだからね」と割り込んできた。そりゃそうである。これだけ皆で「価値がある価値がある」と盛んに噂《うわさ》している物を前にして、妹が一方的に形見分けの話まで決めて持っていこうと企《たくら》んでいたら姉にしてみりゃちょっと待てよと思うであろう。しかし、私は待ったなしという気分であった。今ここで、どうしても形見にこれを自分にくれると母が約束してくれなくては将来が心配でたまらない。できれば今すぐに、私にくれるという遺言状《ゆいごんじょう》の一枚も書いてもらいたい心境である。

私は姉に言った。「お姉ちゃん、あんたには、お母さんの持っている他の宝石のすべてをあげるから、このオパールだけは私にちょうだい。ね、それでいいでしょ？」すると姉は「やだね。私だってそれがもらえりゃ他はいらないからアンタにやるよ」と言い返してきた。姉も、他の宝石はオパールと比べりゃクズ同然という事を見抜いているのだ。そんなクズをいくつもらってもこのオパールには足元にも及《およ》ぶまい。十円玉を十個もらうよりも一万円を一枚もらう方が良いと誰もが思うのと同様である。

私は母に「お母さん、それ私にちょうだいよ、ぜったいに!!」と姉を無視して再度申し込んでみた。母がうっかり「はいはい」とでも言おうものならもう私の物に決定である。だが母は「お姉ちゃんも欲しいって言ってるんだから、そんなこと約束できないよ」と言ったのでガッカリした。姉はソレ見たことかという顔でこちらを見ている。私はその姉の顔が癪《しゃく》にさわり、「なにさっ、あんたが欲しいなんて言わなきゃねぇ、これは私の物なのにっ」と言って肩のあたりを一発バシッと叩いたので姉も怒り「なにすんのさっ、あんたが図々しく欲しがるからいけないんでしょっ。あんたなんて生まれてこなきゃ私のものだったのにっ」と言ったので大ゲンカになった。それを見ていた母はカンカンに怒り「私が生きているうちから、形見のことでケンカするんじゃないよっ。失礼だねっ。あんたたちみたいなバカには、どっちにもコレはやんないよっ。私の棺桶《かんおけ》の中に一緒に入れて燃やしてやるっ」と叫んで、素早《すばや》くオパールを洋服ダンスの奥にしまい込んだ。私と姉はもう何も言わず黙ってうつむいた。三人の間には、何か言いようもない気まずい空気が流れていた。

そのように、ケンカまで引き起こすほど魅力的なオパールを紛失する日がやってきた。その日、私の家に仲の良い友人が遊びに来たので早速私は母のオパールを見せる事にしたのである。見せるだけなら良いと思ったのだ。こんなボロい家にも、百万円の宝石がありますよということも自慢したかったのである。

友人はきれいきれいと連発して喜んだ。お互いに指にはめてみて、大金持ちの奥様のマネをしたりしてみた。大金持ちの奥様なんて実際に知り合いがいる

……ない
シーーン
……
「ない」と気づき、静まり返る友人と私。

わけでも見たことがあるわけでもなかったが「ホホホ、コレ、百万円なんざますわよ」とさえ言えばそれでOKであった。大金持ちの奥様なんて、だいたいそんなもんであろうと今でも思う。

友人と私は、まもなく他の遊びに移った。いつまでも奥様ごっこなどやっていても面白くない。オパールの事も忘れて次の遊びに夢中になった。時間は過ぎ去り、後片づけをしようという時になり、我々はハッと息を飲んだ。ないのである。さっきまでその辺に転がっていたオパールがないのである。どこを見回してもないのである。

友人と私は声も出なかった。互いに深刻な瞳《ひとみ》を見つめ合い、事の重大さを確認した後、徹底的《てっていてき》に探す事にした。もう陽は暮れかかっている。友人は帰らなくてはいけない。だが探さなくてはならない。これだけは見つけなくてはならない。友人は泣きそうになっていた。私も泣きそうであった。弁償するとしたら一人あたり五十万円になる。小学二年生がどうにかできる額ではない。ごめんねと言ったって、許してもらえるはずがない。

ギリギリまで探したが、友人は帰る時間になった。私は友人に「母さんに会っても、何事もなかったような顔をして帰ってね」と、母に動揺《どうよう》を見せないよう念を押した。友人はごめんねと何度も私に謝って部屋を出た。私は引き続き探さなくてはならなかったので、友人を見送る事はしなかった。

友人が去った後、一人になると心細くなり私は絶望のどん底でとうとう泣いた。泣きながら「ああ神様、あのオパールがどこにあるのか教えて下さい。私は今、とても困っています。どこにあるのか教えて下さい」と神に自分の現状と質問を祈りに込めて話してみたが返事はない。返事がないだろうな、とわかってはいるが、ひょっとしたら教えてくれるかもしれないと思って祈ってしまう。祈らないよりは祈った方がいいんじゃないかとも思う。神様は、明らさまに姿を現して「ももこよ、オパールはここだぞ」などと言わないかもしれないが、祈っていれば知らず知らずのうちに見つかる方向へ導いてくれるかもしれない。だから祈っておくにこしたことはないのである。

私の祈りは全く通じず、オパールは見つからなかった。夕飯の時刻になっても、食欲などあるはずがない。母の顔も見れない状況である。私は泥《どろ》の中に住むカメのように黙っていた。箸《はし》を持ったままジッとしている我が子を見て、母は「どうしたの？」と尋ねてきた。

もうそろそろ潮時《しおどき》である。言わずにこのまま一生済むとは到底思えない。ならば今言った方が良いであろうと思い、私は事情を説明した。

岩が崩《くず》れ落ちるかのように母は怒った。馬鹿だ馬鹿だという言葉が雨あられのように我が身に降り注いでいた。姉も怒っている。彼女もあのオパールをもらう権利が半分あるのだから怒るのも無理はない。どんなに罵倒《ばとう》されようとも、私には泣いて謝るしか術《すべ》はない。本当は泣いて謝ったって許されない事なのである。しかし泣きもせず謝りもしないで平気でいたらいよいよブン殴《なぐ》られるであろう。今は泣いて謝るという態度が正解なのだ。別に計算して泣いていたわけではないが、たまたま泣いて良かったと思う。

私は母の怒りを静めるために「お詫《わ》びに家の手伝いをします」と泣きながら言ったが母は「そんなこと指輪をなくさなくたってして当たり前だ」と言ってとりつくしまがなかった。私はその他にも、大人になってからもっといいのを買ってやるとか中学生になったら新聞配達のアルバイトをして返すとか、何だかんだとあてにならないたわ言を並べて許してもらおうとしたが全て無駄であった。

こんなに言ってもまだ許してもらえないなら仕方ないや、と開き直るところが私の非常に良くない点である。ずっとうろたえ続けていればよいものを、バレる前より何となく気分は軽くなっていた。親子なんだから、どうせいつかは許してもらえて楽しく笑い合う日々が戻ってくるさと思い、夕飯をつまんだりし始めた。

私が夕飯を食べている間も母は指輪を探していた。私が祈りながら探しても見つからなかった物が、そう簡単に見つかるはずはない。そう思っていたら、母はあっという間に見つけて戻ってきた。私が驚いた事は言うまでもない。一体どこにあったのかと尋《たず》ねると、鏡台の下に落ちていたという。

私は眉《まゆ》をしかめた。ハテナ？　という表情だ。確か、私も探していた時に鏡台の下などとっくに見た覚えがある。しかしその時には無かったから見つからずに怒られるハメになったのだ。なのに母が探したら見つかるとは、どういう事かと考えてみるがわからない。母に言わせれば「あんたは注意力が足りないから、そこにあるものも見落として、見つかるもんも見つかりゃしなかったんだよ」ということらしい。だが私は違うと思った。きっと、泣きながら祈り続けた神だのみが、今ようやく神に届いて神様は見つかりやすい所にそっと指輪をおいてくれたのだ。そうとでも思わなければ、私の泣きながらの祈りが無駄なうえに注意力の足りない者という烙印《らくいん》を押されたままになるのでやってられない。

あとがき

私は、『ちびまる子ちゃん』のこぼれ話のようなエッセイ集をいつか出したいとずっと思っていた。『ちびまる子ちゃん』という漫画は、エッセイ漫画なのでもちろん私の思い出をもとにして描いているわけであるが、漫画という形態《けいたい》では描ききれなかった事や実際とは違うまとめ方をしている部分も多々あるため、それらのこぼれ話を文章で書きたかったのである。今回の『あのころ』では、『ちびまる子ちゃん』の一巻から五巻あたりまでの作品からテーマを抜粋《ばっすい》して書いてみた。このエッセイはあと二冊続けて出す予定である。〝もものかんづめ〟等の〝○○の○○○〟シリーズ三部作に続く新シリーズ三部作の幕開けというわけである。そのつもりなので、読者の皆様にもぜひあとの二冊もおつきあい願いたい。

さて、今回のエッセイを書くにあたり、私はまた恒例の〝ホテルのかんづめ〟をさせていただいた。以前からの担当の横山さんと、新担当の新福さんが素晴らしいホテルを手配してくれたのである。それは新宿の都庁の隣にあるパークハイアットというホテルだ。そのホテルはどうやら素晴らしいらしいという噂くらいは私もきいた事があった。しかし、このところ特にかんづめになるような仕事もなかったし、子供も産まれたので外泊もままならず、都内のホテルには用がないと思っていた。

しかし、私はこのたび自分の親と同居する事になったのである。細かく言えばいろいろ説明があるのだが、早く言えば私は子育てを親に手伝ってもらってもっともっと仕事を思い切りやりたいと思ったのである。それで主人と親に相談して同居という事になったのだ。私はうれしかった。子供は大切だから、適当に育てられないのでこの二年間というもの、仕事と子育てで毎日限界であった。だが自分の親なら安心してまかせてしまえる。いよいよ全開バリバリで仕事ができるのである。

そのことを、フグ屋の一室で横山さんや新福さん達に話すと皆さん拍手をして喜んでくれた。全開になった私のことを、身内以外にこんなにも喜んで下さる方々を目の前にして、私は照れてしまいつつもうれしかった。

横山さんは拍手をしながら「よーし、それじゃホテルですね。どこにしましょうか」と尋ねるので、私が「う〰〰む、どっかパーッと景気のいい所がいいですねぇ」

と調子にのって言ったところ、新福さんが「それじゃ、パークハイアットでしょう!!」と言ったとたん、部屋にいた全員が「そこだっ!!」と口を揃えて言ったのである。まさしく、噂の素晴らしいホテルはやはりどうやら本当らしい。

翌日にはホテルの予約はとりましたという報告が私の事務所に入ってきた。非常に迅速《じんそく》なのでこちらも「おーっし!!」と気合いが入る。週末には私はそのパークハイアットというホテルで『あのころ』の原稿を書くのである。そう思うとわくわくし、ついついホテルのことばかり考えてしまい、その日までに進めておかなければならない漫画の原稿などが遅れてしまうのであった。

待ちに待ったかんづめの日がやってきた。ホテルのロビーでは既に横山さんと新福さんが待っていて、部屋まで案内すると言っているが、どうやら二人ともどんな部屋か見てみたそうな様子である。私の主人も一緒に来ており、楽しみにしている様子である。誰もが期待している部屋のドアは開かれた。

ドアのむこうは、廊下のような場所になっていた。ホテルの部屋なのに、廊下のような場所があるなんて驚きではないか。しかも、それは狭い廊下ではなく、十畳分くらいあるのである。そのスペースだけで充分一人暮らしができる。いや、夫婦でも住めるかもしれない。

そんなものが単なる通り道のこの部屋、一体この奥はどうなっているのかと胸は高鳴った。次の扉を開く。

「おおっ」我々は思わず感嘆《かんたん》の声をあげた。なんというハイカラなリビングルームであろう。「こんな所で暮らせたらなァ」と、広告のチラシ等を見るたびに思う立派なモデルルームの写真のような部屋である。CDやレーザーディスクの鑑賞もできるように機械がおいてあり、テレビは大画面である。ベッドもどんなに転がっても落ちそうもないくらいに広い。風呂場もトイレも、目が回りそうに美しく立派だ。八百屋に生まれたこの私が、何の間違いでこんな贅沢をさせてもらえる事になったのかと思いながら泡風呂に入っていた時の幸せな気分といったらもう。

気晴らしには最上階のプールへ行く。ラララ〜〜〜ッと人魚になったように泳いだあとはマッサージをしてもらう。おいおい、仕事はいつしているんだと思うかもしれないが、コツコツやっていたのである。派手な行為の裏には努力ありというものだ。こんなに良くしていただいたからには、私はちゃんと仕事もする。それがツルの恩返しという民話も生んだ日本人の心ではないか。

夢のような日々は過ぎ、『あのころ』の原稿は無事に出来上がった。ホテルから出てきた後も、数日間は忘れられずに母やヒロシをつかまえてはあの部屋の事を語り続けた。あまりの贅沢な様子に母は、「そんな贅沢をして、大丈夫かね集英社は…」と集英社のことを心配し始めたので私も少し気になった。ホントに私などにあんなことをさせて大丈夫なのであろうか。……と不安になったところでテレビをつけたらドラゴンボールをやっていたので安心した。鳥山明先生もいるし、大丈夫であろう。よくはわからないがとにかく集英社のことは私や母が心配するようなことではなさそうである。そもそもあんな大きな会社にむかってこんな母娘が下手な心配をする方がかえって失礼というものだ。過ぎ去った日々のことは良い思い出として、あとは『あのころ』ができるのを待つばかりということにしたい。

装丁はおなじみの祖父江《そぶえ》さんが快く引き受けて下さったので非常にうれしかった。祖父江さんはものすごく忙しいのである。本来なら、お断わりされても仕方がないほど急なお願いだったのに、さくらさんの本だからとおっしゃって引き受けて下さった。集英社といい祖父江さんといい、有難くて仕方がない。子供の面倒をみてくれている親にも、仕事をプロデュースしてくれている夫にも、いろいろがんばってくれているスタッフにも、そしてこの本を読んで下さった皆様にも感謝申し上げる。

感謝の気持ちで三部作のスタートを切れた事がとてもうれしい。

一九九六年　三月下旬　深夜

自宅の仕事部屋にて

さくらももこ

OMAKE

作者紹介

MOMOKO・SAKURA ←ペンネーム（ローマ字）

さくら　ももこ ←こっちはひらがな

すきなこと→なんとなくその辺をウロウロしながらお茶をのんだりTVをみたりすること。快適な温度の室内にいること。

とくい→カレー、はやしライス、　にがて→けむし、おこりんぼうな人

うた→下手　ピアノ→ひけない　英語→よめない、かけない、しゃべれない

子供→ふつう　自分の子→かわいがっている　そよ風→すき　強風→つらい

犬→すき　ねこ→ふつうの下　健康食品→趣味のひとつ。くわしい。

かみなり→少しこわがる　よくばりかどうか？→よくばりよくばり。

車なら？→ジャガー。だれかくれ。運転免許も。　体温は？→ひくい

血圧は？→ふつうの下ぎみ　男は？→次郎長　女は？→度胸

バッタ→すごくふつう　めだか→すき　ばかなほうかどうか→そう。

自分はこれでいいと思うか→しかたないと思う。　水泳は→ふつう

金魚すくいは？→すき。すごく。　じゃあ、かるたとりは？→別にふつう。

小鳥→すき　さかな→すき。見るのも描くのも食べるのも、すき。

うそは？→ほうべん　眠る前に思うことは→さあ今から寝よう、と思う。

朝おきたときは？→あー、起きた起きた、と思う。　ズボン→よくはく。

Mr.スポックは？→あの中でいちばんえらいと思う。　藤木は→ひきょう

エッセイは→書くのすき。　今回のエッセイは？→わりとよくかけた気がする

宣伝→わたしの漫画「コジコジ」も読んで下さい。ゆかいだよ。ホント。

こりるほうかどうか→こりることとこりないことがある。　作者紹介は？→おしまい。

1996.6.11現在

OMAKE

生きている時間のなかで
どうしてもとっておきたい時間が
どうしてもとっておけなくて
どうしてもとっておきたい時間は
悲しい時間に変わったり
つまらない時間に変わったり
楽しい時間に変わったり
面白い時間に変わったりする。
本当は
どうしてもとっておきたい時間は
そのままがいいけれど。

ももこ 心のポエム

いそがしいんだねェ…
…はい
ファミコンやる時間もなくて……

OMAKE

さくら ももこ だより

今回の表紙は「モザイクにしよう!!」と急に思いついたので、装丁をやって下さるそぶえさんに相談したところ、そぶえさんは「ええっ、モザイクですか…そりゃとっても良いと思いますけれど、あんまり時間もないですし、すっごく大変なのでやめた方がいいですよ」とおっしゃいました。そう、すっごく大変なことはわたしも知っておりました。ず〜っと前に、ちびまる子ちゃんの扉絵をモザイクでやった時、途中3回くらい泣きそうになりながらやったことがあったからです。でも、今回は前のよりだいぶサイズも小さいし、「これならいける」とふんで やることに決めました。

モザイクの材料になる卵のカラのために、私は温泉たまごを3個食べました。もっと必要だったので家族にも食べてもらいました。それに色をぬってコツコツと作り始めました。やり始めてから2日目くらいに一度泣きたくなりました…。でも立ち直り、いろいろ考え、ボタンなんかもくっつけたらカワイイかもなァと思い、近所のスーパーの100円均一のボタンをごっそり買ってきました。また、ボタンの他には、いつも私が飲んでいる、健康食品の錠剤も利用してみたりしました。健康食品の錠剤は種類によっていろいろな色があって、なかなかいいかんじなのでけっこう使えます。あと、顔の中の目玉の部分には正露丸を切ってはりつけました。まゆげには、そばを短く切って黒くぬってはりつけました。口も、そばを赤くぬって みじかく切って はりつけました。

工夫が肝心ですね。

私はいつも たいがい元気ですが

そりゃ 時には ガックリすることだってあります。

原因はさまざまです。仕事のこともあれば仕事じゃないこともあります。わたしだって、ふつうに生きてるんだから いつもいつも元気なときばっかりじゃありません。(体は丈夫ですが)ガックリしたときは、とことん考えます。自分のことだから、自分で解決しなきゃと思ってどうしたら自分が元気になるか、元気になるためには どうすりゃいいか、てっていてきに考えます。泣きながら考えることだってあります。だけど、他の人にめいわくをかけないようになるべく短い時間で自分自身でケリをつけるようにしています。それで、元気をとりもどす方向がみつかったら、その方向に突っ走ります。

わたしは、そういう自分のさっぱりしてるところが気に入っています。さっぱりしすぎて"もっとよく考えろよ"と言われることもありますが、考えたって ダメなときゃ ダメなんだから、自分のみつけた方向に とりあえず どんどんすすんでゆきます。どんどん元気にすすんでゆけば、そのうちいろいろなことがみえてきたり、よかったって思うことも たびたびあるからです。今回、子供のころのエッセイをかいてみて、私は子供のころから そうだったなァ…と思いました。ガックリすることも多かったけど、泣きながらどうにか自分で元気になる方法をみつけてきました。その方法が あたらしい遊びだったり、虫や花をそだてることだったり、たまちゃんがいたり、家族がいたり、いろいろでしたが、けっきょく今とあまり変わらないのかもしれません。みなさん どうか 元気に おすごし下さいますよう…。

この作品は書き下ろしです。ただし、
「てきや」は小説すばる一九九六年六月号に
「大洪水の思い出」は小説すばる一九九六年七月号に
「夏休みの宿題」は青春と読書一九九六年七月号にも
掲載されました。

あのころ

一九九六年 七 月二〇日 第 一 刷発行
一九九八年 七 月一五日 第一三刷発行

著 者 さくらももこ

発行者 小島民雄

発行所 株式会社集英社
東京都千代田区一ツ橋二―五―一〇
郵便番号 一〇一―八〇五〇
電話 編集部 (〇三) 三二三〇―六一〇〇
販売部 (〇三) 三二三〇―六三九三
制作部 (〇三) 三二三〇―六〇八〇

印刷所 中央精版印刷株式会社
錦印刷株式会社

製本所 中央精版印刷株式会社

定価はカバーに表示してあります。

検印廃止

乱丁・落丁本が万一ございましたら、小社制作部宛にお送り下さい。送料は小社負担でお取り替え致します。
 ISBN4-08-775208-9 C0095

集英社刊 さくらももこ作品リスト

あのころ

歯切れのいい名調子はもはや芸術。テーマは待望の「子供時代」。まる子ファンも大満足保証付!!

まる子だった

テーマは十八番の「子供時代」。お気楽で濃密な爆笑世界へようこそ!! おまけページつき。

ももこの話

山本リンダの熱狂ライブ、劣悪条件での幼少ガーデニング体験記等、爆笑「子供時代」三部作完結編!!

ももこの世界あっちこっちめぐり

6か月間にわたる、世界各地ハプニングづくし!! カラー写真やイラストも満載の爆笑旅行エッセイ。

もものかんづめ

発売以来、日本中を笑わせ続けるエッセイ第一弾。水虫に悩む人には必見の情報も収録!!

さるのこしかけ

波乱のインド旅行やP・マッカートニーなど世界をまたにかけたエッセイ第二弾。読んで悔いなし。

たいのおかしら

歯医者での極楽体験など、更に磨きのかかったエッセイ三部作完結編。筆者&姉の幼年時代写真付。

まるむし帳

ことばと絵で表現する宇宙・日常・存在・生。心の疲れを癒したいあなた、ぜひ一度お試しあれ。

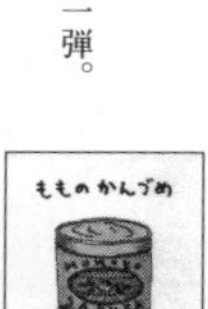